全国财政"六五"法制宣传教育验收用书

验 收 题 库

全国财政法制宣传教育和
依法理财工作领导小组办公室 编

经济科学出版社

图书在版编目（CIP）数据

全国财政"六五"法制宣传教育验收用书验收题库／
全国财政法制宣传教育和依法理财工作领导小组办公室编．
—北京：经济科学出版社，2015.4
ISBN 978 - 7 - 5141 - 5683 - 6

Ⅰ. ①全…　Ⅱ. ①全…　Ⅲ. ①法律 - 中国 - 习题集
Ⅳ. ①D920.4

中国版本图书馆 CIP 数据核字（2015）第 077023 号

责任编辑：边　江
责任校对：杨　海
责任印制：邱　天

验收题库

全国财政法制宣传教育和依法理财工作领导小组办公室　编

经济科学出版社出版、发行　新华书店经销

社址：北京市海淀区阜成路甲 28 号　邮编：100142

总编部电话：010 - 88191217　发行部电话：010 - 88191522

网址：www. esp. com. cn

电子邮件：esp@ esp. com. cn

天猫网店：经济科学出版社旗舰店

网址：http：//jjkxcbs. tmall. com

北京万友印刷有限公司印装

880×1230　32 开　6 印张　100000 字

2015 年 4 月第 1 版　2015 年 4 月第 1 次印刷

ISBN 978 - 7 - 5141 - 5683 - 6　定价：20.00 元

（图书出现印装问题，本社负责调换。电话：010 - 88191502）

（版权所有　侵权必究　举报电话：010 - 88191586

电子邮箱：dbts@ esp. com. cn）

前　言

　　按照全国普法办公室的统一部署和《全国财政法制宣传教育第六个五年规划（2011－2015年)》（财法〔2011〕13号）的安排，2015年，全国财政"六五"普法工作进入总结验收阶段。为了保证总结验收质量，指导各地财政部门、各专员办认真做好考核验收工作，根据《全国财政"六五"法制宣传教育考核评比办法》、《全国财政"六五"法制宣传教育考核验收计分标准》（财法〔2013〕3号）的要求，我们组织编写了全国财政"六五"法制宣传教育验收用书《验收题库》（以下简称《题库》)。

　　《题库》共包括555道试题及参考答案，基本涵盖了"六五"普法规划确定学习内容的主要知识点，其中重点体现了新《预算法》和《政府采购法实施条例》等新颁布（修订）的财政法律、行政法规和规章的相关内容。《题库》作为全国财政"六五"普法总结验收的考试考核标准试题，供各地财政部门、各专员办在验收自查等考试中选用。同时，为了确保验收取得实效，在交流检查中，我们将重点做好对财政部门领导干部和财政干部的随机抽考。届时，将从《题库》中抽取试题，组织考试和考核。

由于时间仓促，书中难免有疏漏或不当之处，敬请广大读者批评指正。

全国财政法制宣传教育和
依法理财工作领导小组办公室
2015 年 4 月

目　录

一、验收试题

（一）名词解释（共 65 题）

1. 法
2. 法律概念
3. 法律原则
4. 法律体系
5. 法律部门
6. 人民民主专政制度
7. 人民代表大会制度
8. 民族区域自治
9. 规范性文件清理
10. 法律编纂
11. 公务员
12. 国家赔偿费用

59. 行政复议申请人

60. 行政复议第三人

61. 行政复议审理

62. 行政诉讼

63. 行政诉讼审理程序

64. 行政诉讼受理

65. 政府信息

（二）填空（共 138 题）

66. 法的要素包括 _____、_____ 和 _____ 三类。

67. 行政执法，是指国家行政机关等行政执法主体依照_____ 和_____ 贯彻、执行法律的活动。

68. 以引起责任的行为性质为标准，法律责任可以分为_____、_____、行政责任和违宪责任。

69. 《中共中央关于全面推进依法治国若干重大问题的决定》提出，全面推进依法治国，总目标是建设_____，建设_____。

70. 建设社会主义法治国家，就是在中国共产党领导下，坚持中国特色社会主义制度，贯彻中国特色社会主义法治理论，形成完备的法律规范体系、高效的_____体系、严密的_____体系、有力的_____体系，形成完善的党内法规体系。

71.《中共中央关于全面推进依法治国若干重大问题的决定》提出，建设中国特色社会主义法治体系，必须坚持_____先行，发挥_____的引领和推动作用，抓住_____这个关键。

72._____年宪法修正案将"实行依法治国，建设社会主义法治国家"写入宪法。

73. 根据宪法的规定，国家应建立健全同_____相适应的社会保障制度。

74. 根据宪法的规定，一切国家机关实行精简的原则，实行_____，实行工作人员的培训和_____制度，不断提高工作质量和工作效率，反对官僚主义。

75. 中华人民共和国年满十八周岁的公民，不分民族、种族、性别、职业、家庭出身、宗教信仰、教育程度、财产状况、居住期限，都有选举权和被选举权；但是_____除外。

76. 根据宪法的规定，中华人民共和国公民在年老、疾病或者丧失劳动能力的情况下，有从国家和社会获得物质帮助的权利。国家发展为公民享受这些权利所需要的_____、_____和_____事业。

77. 根据宪法的规定，国务院设立审计机关，对国务院各部门和地方各级政府的_____，对国家的财政金融机构和企业事业组织的_____，进行审计监督。

78. 第十二届全国人民代表大会常务委员会第十一次会议决定将每年_____月_____日设立为国家宪法日。

79. 行政法规草案由_____审议或国务院审批。

80. 行政法规条文本身需要进一步明确界限或者作出补充规定的，由_____解释。

81. 部门联合规章由联合制定的部门首长共同署名公布，使用_____机关的命令序号。

82. 规章应当自公布之日起在_____日内，由法制机构依照立法法和《法规规章备案条例》的规定向有关机关备案。

83. 根据《立法法》的规定，国家立法权由_____和_____行使。

84. 公务员晋升领导职务实行_____制度和任职试用期制度，是建立科学规范的党政领导干部选拔任用制度中的一项重要举措。

85. 根据《国家赔偿法》的规定，赔偿义务机关应当自收到赔偿申请之日起_____个月内作出是否赔偿的决定。

86. 国家赔偿以_____为主要方式。能够返还财产或者恢复原状的，予以返还财产或者恢复原状。

87. 根据《国家赔偿法》的规定，国家机关和国家机关工作人员行使职权时，造成死亡的，应当支付死亡赔偿金、丧葬费，总额为国家上年度职工年平均工资的_____倍。

88. 根据《国家赔偿法》的规定，有法律规定侵犯公民人身权情形，致人精神损害的，应当在侵权行为影响的范围内，为受害人消除影响，恢复名誉，赔礼道歉；造成严重后果的，应当支付相应的_____。

89. 根据《国家赔偿法》和《国家赔偿费用管理条例》的规定，国家赔偿费用列入各级_____，由各级人民政府_____统一管理。

90. 根据《国家赔偿法》的规定，国家赔偿请求人凭生效的判决书、_____、_____或者调解书，向赔偿义务机关申请支付赔偿金。

91. 法治国家，是指主要靠_____来治理国家和管理社会事务，从而使_____和_____得以合理配置的社会状态。

92. 依法行政的基本要求包括：_____行政、_____行政、_____正当、高效便民、诚实守信、_____统一。

93. 2004 年，国务院发布《全面推进依法行政实施纲要》，提出建设_____的目标。

94. 地方各级一般公共预算支出包括地方本级支出、_____、_____和_____。

95. 各级预算应当遵守_____、勤俭节约、量力而行、_____和_____的原则。

96. 经本级人民代表大会或者本级人民代表大会常务委员会批准的预算、预算调整、决算、预算执行情况的报告及报表，应当在批准后_____日内由本级政府财政部门向社会公开。

97. 各级政府财政部门在公开预算时，应对本级政府财政转移支付安排、执行的情况以及_____的情况等重要事项作出说明。

98. 经本级政府财政部门批复的部门预算、决算及报表，应当在批复后 20 日内由各部门向社会公开，并对部门预算、决算中_____的安排、使用情况等重要事项作出说明。

99. 按照法律、行政法规和国务院的规定可以设立专项转移支付，用于办理特定事项。_____的事项不得设立专项转移支付。

100. 一般公共预算支出按照其经济性质分类，包括_____支出、_____支出、_____支出和其他支出。

101. 政府收支分类科目，收入分为类、款、项、目，支出按其功能分类分为_____、_____、_____，按其经济性质分类分为_____、_____。

102. 国务院建立地方政府债务风险评估和预警机制、_____机制以及_____机制。

103. 一般性转移支付应当按照国务院规定的_____和_____编制。专项转移支付应当分_____、分_____编制。

104. 中央预算和有关地方预算中应当安排必要的资金，用于革命老区、_____地区、_____地区、_____地区发展经济社会建设事业。

105. 各级一般公共预算按照国务院的规定可以设置_____，用于弥补以后年度预算资金的不足。

106. 省、自治区、直辖市政府接到中央一般性转移支付和专项转移支付后，应当在_____日内正式下达到本行政区域县级以上各级政府。

107. 对于_____有明确规定或者经_____批准的特定专用资金，可以依照国务院的规定设立财政专户。

108. 各级国库库款的支配权属于_____。

109. 在预算执行中，各级政府一般不制定新的增加财政收入或者支出的政策和措施，也不制定_____的政策和措施。

110. 决算草案应当与预算相对应，按_____、_____、_____分别列出。一般公共预算支出应当按其功能分类编列到_____，按其经济性质分类编列到_____。

111. 根据《政府采购法》的规定，采购人是指依法进行政府采购的国家机关、事业单位、_____。

112. 根据《政府采购法》的规定，以联合体形式进行政府采购的，联合体各方应当共同与采购人签订采购合同，就采购合同约定的事项对采购人承担_____责任。

113. 根据《政府采购法》的规定，采购人与中标、成交供应商应当在中标、成交通知书发出之日起_____日内，按照采购文件确定的事项签订政府采购合同。

114. 根据《政府采购法实施条例》的规定，政府采购法所称财政性资金是指纳入_____的资金。

115. 根据《政府采购法实施条例》的规定，集中采购目录包括集中采购机构采购项目和_____项目。

116. 根据《政府采购法实施条例》的规定，采购人、采购代理机构不得向评标委员会、竞争性谈判小组或者询价小组的评审专家作_____、_____的解释或者说明。

117. 根据《政府采购法实施条例》的规定，政府采购招标评标方法分为_____和_____。

118. 根据《政府采购法实施条例》的规定，除国务院财政部门规定的情形外，采购人或者采购代理机构应当从政府采购评审专家库中_____抽取评审专家。

119. 根据《政府采购法实施条例》的规定，政府向社会公众提供的公共服务项目，验收时应当邀请_____参与并出具意见，验收结果应当向社会公告。

120. 根据《政府采购非招标采购方式管理办法》的规定，竞争性谈判小组或者询价小组由采购人代表和评审专家共_____人以上单数组成。

121. 在增值税征收管理中，一项销售行为如果既涉及_____又涉及_____，为混合销售行为。

122. 增值税销项税额是指纳税人销售_____或者_____，按照销售额和适用税率计算并向购买方收取的增值税额。

123. 消费税采取复合计税办法计算的应纳税额的公式为：应纳税额 = _____ × 比例税率 +

_____×定额税率。

124. 根据《企业所得税法实施条例》的规定，在计算应纳税所得额扣除时，企业发生的与生产经营活动有关的业务招待费支出，按照发生额的_____扣除，但最高不得超过当年销售（营业）收入的_____。

125. 根据《企业所得税法实施条例》的规定，企业与其关联方之间的业务往来，不符合独立交易原则而减少企业或者其关联方应纳税收入或者所得额的，税务机关有权按照合理方法进行调整，主要包括_____、_____、成本加成法、交易净利润法、利润分割法和其他符合独立交易原则的方法。

126. 根据《企业所得税法》的规定，民族自治地方的自治机关对本民族自治地方的企业应缴纳的企业所得税中属于_____的部分，可以决定减征或者免征。

127. 根据《个人所得税法》规定，工资、薪金所得，以每月收入额减除费用_____元后的余额，为应纳税所得额，适用税率为_____至_____。

128. 适用超额累进税率的个人所得税应纳税额的计算公式为：每月应纳税额 = (_____ - 国家规定的扣除 - 捐赠扣除) ×最高适用税率 - _____。

129. 烟叶税实行比例税率，税率为_____，烟叶税税率的调整，由国务院决定。

130. 资源税的计税依据是纳税人开采或者生产应税产品的_____或者_____。

131. 印花税实行_____税率和_____税率。

132. 在中华人民共和国境内属于车船税法所附《车船税税目税额表》规定的车辆、船舶的_____或者_____，为车船税的纳税人。

133. 纳税人、扣缴义务人必须依照_____、_____的规定缴纳税款、代扣代缴、代收代缴税款。

134. 纳税申报是指_____和_____按照规定就其纳税、扣缴税款事宜，向税务机关提出书面报告的一项管理制度。

135. 税务机关采取税收保全措施和强制执行措施必须依照法定权限和法定程序，不得查封、扣押纳税人个人及其所扶养家属_____的住房和用品。

136. 根据《彩票管理条例》的规定，彩票资金包括_____、彩票发行费和_____。

137. 财政票据实行_____、分次限量、核旧领新制度。

138. 各单位必须根据_____进行会计核算，填制会计凭证，登记会计账簿，编制财务会计报告。

139. 根据《会计法》的规定，会计凭证、会计账簿、财务会计报告和其他会计资料，必须符合_____的规定。

140. 企业的会计报表主要有_____、_____、现金流量表及相关附表。

141. 企业应当按照交易或者事项的经济特征确定会计要素，企业会计要素包括_____、_____、_____、收入、费用和利润。

142. 从事会计工作的人员必须取得_____证书。

143. _____对本单位会计工作和会计资料的真实性、完整性负责。

144. 会计档案一般分为_____、_____、财务报告等会计核算专业资料。

145. 会计从业资格持证人员参加继续教育采取_____管理制度。

146. 在采用特殊普通合伙形式的事务所，一个合伙人或者数个合伙人在执业活动中因故意或者重大过失造成事务所债务的，应当承担_____责任或者_____责任。

147. 设立会计师事务所，由_____批准。

148. 会计师事务所按照国务院财政部门的规定建立_____基金，办理职业保险。

149. 中国注册会计师协会依法拟订注册会计师执业准则、规则，报_____批准后施行。

150. 根据《企业财务通则》的规定，企业应当依法为职工支付_____、_____、失业、工伤等社会保险费，所需费用直接作为成本（费用）列支。

151. 金融企业表外业务，广义上是指不列入资产负债表内，但能产生收益和费用的服务性业务，主要包括结算、_____、_____、承诺、咨询、基金托管业务和投资托管业务等。

152. 根据《行政单位财务规则》的规定，支出是指行政单位为保障机构正常预算和完成工作任务所发生的资金耗费和损失，包括_____支出和_____支出。

153. 根据《事业单位财务规则》的规定，事业单位的资产包括流动资产、固定资产、_____、_____和_____等。

154. 行政单位国有资产管理，实行国家_____，政府_____，单位占有、使用的管理体制。

155. 对行政单位中超标配置、低效运转或者长期闲置的国有资产，同级财政部门有权_____或者处置。

156. 事业单位国有资产包括_____，事业单位按照国家规定运用国有资产组织收入形成的资产，以及_____和其他经法律确认为国家所有的资产。

157. 事业单位国有资产处置方式包括出售、_____、转让、对外捐赠、_____、报损以及货币性资产损失核销等。

158. 国有资产属于国家所有，_____代表国家行使国有资产所有权。

159. 国家出资企业投资应当符合国家产业政策，并按照国家规定进行_____；与他人交易应当公平、有偿，取得_____。

160. 企业国有资产转让应当以依法_____的、经履行出资人职责的机构认可或者由履行出资人职责的机构报经_____核准的价格为依据，合理确定最低转让价格。

161. 行政单位国有资产管理的内容包括：_____、资产使用、_____、资产评估、_____、产权纠纷调处、产权登记、资产清查、资产统计报告和监督检查等。

162. 根据《财政监督检查案件移送办法》的规定，财政部门履行监督检查职责时，对依法依纪应当追究责任的公务员，财政部门无权处理的，应当将案件材料移送有关_____或者_____处理。

163. 某企业不缴应缴的育林基金，根据《财政违法行为处罚处分条例》的规定，应责令改正，_____，收缴应当上缴的财政收入，给予警告，没收违法所得，并处不缴育林基金 10% 以上_____% 以下的罚款；对直接负责的主管人员和其他直接责任人员处以 3000 元以上_____元以下的罚款。属于税收方面的违法行为，依照有关税收法律、行政法规的规定处理、处罚。

164. 根据《财政违法行为处罚处分条例》的规定，财政部门依法进行调查或者检查时，被调查、检查的单位和个人应当予以配合，如实反映情况，不得拒绝、阻挠、拖延。违反前述规定的，责令限期改正。逾期不改正的，对属于国家公务员的直接负责主管人员和其他直接责任人员，给予_____、_____或者_____处分；情节严重的，给予_____或_____处分。

165. 财政部门实施检查时，检查人员与被检查单位或个人有直接利害关系的，应当_____。被检查单位和个人认为检查人员与自己有利害关系的，可以_____。

166. 根据《财政违法行为处罚处分条例》的规定，限期退还的违法所得，到期无法退还的，应当_____。

167. 设定和实施行政许可，应当依照法定的

_____、范围、_____和_____。

168.《行政许可法》确立了行政许可应当遵循的六项基本原则，具体包括：_____，公开、公平、公正原则，_____，救济原则，信赖保护原则和监督原则。

169. 根据《行政许可法》的规定，行政许可依据的法律、法规、规章修改或者废止的，为了公共利益的需要，行政机关可以依法_____或者_____已经生效的行政许可。

170. 设定行政许可，应当规定行政许可的_____、条件、程序、_____。

171. 法律、行政法规设定的行政许可，其适用范围没有地域限制的，申请人取得的行政许可在_____范围内有效。

172. 根据《行政许可法》的规定，除法律、法规另有规定外，行政机关办理行政许可最长不得超过_____日；对依法由地方人民政府两个以上部门分别实施，采取统一办理或者联合办理、集中办理的行政许可，办理时间最长不得超过_____日。

173. 行政机关作出准予行政许可的决定，应当自作出决定之日起_____日内向申请人颁发、送达行政许可证件，或者加贴标签、加盖检验、检测、检疫印章。

174. 根据《行政许可法》的规定，对于依申请提出的听证，行政许可申请人、利害关系人应当在被告知听证权利之日起_____日内提出听证申请，行政机关应当在_____日内组织听证。

175. 根据《行政处罚法》的规定，行政处罚的公正原则要求行政处罚必须以_____为依据，以_____为准绳，公平正直，没有偏私。

176. 法律、行政法规对违法行为已经作出行政处罚规定，地方性法规需要作出具体规定的，必须在法律、行政法规规定的给予行政处罚的_____、_____和_____的范围内规定。

177. 在尚未制定法律、行政法规的情况下，部门规章对违反行政管理的行为，可以设定_____或者_____的行政处罚。

178. 行政机关在作出行政处罚决定之前，应当告知当事人作出行政处罚决定的_____、_____及_____，并告知当事人依法享有的权利。

179. 行政处罚决定书应当在宣告后当场交付当事人。当事人不在场的，行政机关应当在_____日内依照_____的有关规定，将行政处罚决定书送达当事人。

180. 根据《行政处罚法》规定，行政机关作出部分行政处罚决定之前，应当告知当事人有要求举行听证的权利，当事人要求听证的，应当在行政机关告知后_____日内提出，行政机关应当在听证的_____日前通知当事人举行听证的时间、地点。

181. 《行政处罚法》规定，行政机关作出较大数额罚款适用听证程序。根据《财政机关行政处罚听证实施办法》的规定，由财政部以及专员办作出的"较大数额罚款"的标准是：对公民作出_____元以上罚款，对法人或者其他组织作出_____元以上罚款。

182. 根据《行政强制法》规定，行政强制措施的种类包括：_____，查封场所、设施或者财物，_____，冻结存款、汇款等。

183. _____主管全国的监察工作。

184. 监察机关依法作出的_____，有关部门和人员应当执行。监察机关依法提出的_____，有关部门无正当理由的，应当采纳。

185. 根据《行政复议法》的规定，行政复议机关负责_____的机构，具体办理行政复议事项。

186. 公民、法人或者其他组织对县级以上地方各级人民政府工作部门的具体行政行为不服的，可以向_____或者_____申请行政复议。但对海关、金融、国税、外汇管理等实行垂直领导的行政机关和国家安全机关的具体行政行为不服的，向_____申请行政复议。

187. 两个或者两个以上有权受理的行政机关同时收到申请人就同一事项提起的行政复议申请的，由收到行政复议申请的行政机关在＿＿＿＿＿日内协商确定；协商不成的，由＿＿＿＿＿在 10 日内指定受理机关。

188. 申请人不服下级行政机关依照法律、法规、规章规定，经上级行政机关批准作出具体行政行为提起行政复议的，＿＿＿＿＿为被申请人。

189. 行政机关设立的派出机构、内设机构或者其他组织，未经法律、法规授权，对外以自己名义作出具体行政行为引发行政复议的，＿＿＿＿＿为被申请人。

190. 行政复议申请错列被申请人的，行政复议机构应当告知申请人＿＿＿＿＿。

191. 行政复议期间行政复议机关发现被申请人或者其他下级行政机关的相关行政行为违法或者需要做好善后工作的，可以制作＿＿＿＿＿；发现法律、法规、规章实施中带有普遍性的问题，可以制作＿＿＿＿＿。

192. 根据修改后的《行政诉讼法》，公民、法人或者其他组织认为行政机关和行政机关工作人员的＿＿＿＿＿侵犯其合法权益，有权依照该法向人民法院提起诉讼。

193. 根据修改后的《行政诉讼法》，被告对作出的行政行为负有举证责任，应当提供作出该行政行为的_____和所依据的_____。

194. 根据修改后的《行政诉讼法》，除法律另有规定的除外，公民、法人或者其他组织直接向人民法院提起行政诉讼的，应当自知道或者应当知道作出行政行为之日起_____内提出。

195. 根据修改后的《行政诉讼法》，除法律、法规对行政机关履行职责的期限另有规定外，公民、法人或者其他组织申请行政机关履行保护其人身权、财产权等合法权益的法定职责，行政机关在接到其申请之日起_____内不履行的，公民、法人或者其他组织可以向人民法院提起诉讼。

196. 根据修改后的《行政诉讼法》，被告应当在收到起诉状副本之日起_____日内向人民法院提交作出行政行为的证据和所依据的规范性文件，并提出答辩状。

197. 根据修改后的《行政诉讼法》，公民、法人或者其他组织拒绝履行判决、裁定、调解书的，行政机关或者第三人可以向_____人民法院申请强制执行，或者由_____依法强制执行。

198. 根据《政府信息公开条例》的规定，行政机关公开政府信息，应当遵循_____、_____、_____的原则。

199. 行政机关对政府信息不能确定是否可以公开时，应当依照法律、法规和国家有关规定报_____或者_____确定。

200. 行政机关制作的政府信息，由_____该政府信息的行政机关负责公开；行政机关从公民、法人或者其他组织获取的政府信息，由_____该政府信息的行政机关负责公开。

201. 公民、法人或者其他组织可以根据自身_____、_____、科研等特殊需要，向国务院部门、地方各级人民政府及县级以上地方人民政府部门申请获取相关政府信息。

202. 行政机关收到政府信息公开申请，不能当场答复的，应当自收到申请之日起_____个工作日内予以答复；如需延长答复期限的，应当经政府信息公开工作机构负责人同意，并告知申请人，延长答复的期限最长不得超过个_____工作日。

203. 各级人民政府应当建立健全政府信息公开_____制度、社会评议制度和_____制度，定期对政府信息公开工作进行考核、评议。

（三）选择题（共 140 题）

204. 下列有关法的特征的表述，正确的有（   ）。

A. 法是调整社会关系的行为规范

B. 法是国家制定或认可的行为规范

C. 法是以权利义务、权力职责为内容的行为规范

D. 法是由国家强制力保证其实施的行为规范

205. 下列选项中，不属于法的要素的有（   ）。

A. 法律规范　　　　B. 法律条文

C. 法律概念　　　　D. 法律原则

206. 下列有关法的效力的表述，正确的有（   ）。

A. 一切规范性法律文件都要服从宪法

B. 法律的效力高于行政法规和地方性法规

C. 地方性法规不能与行政法规相抵触

D. 部门规章的效力高于地方政府规章

207. 下列选项中，关于法律关系的描述正确的有（   ）。

A. 法律关系是以法律规范为前提而形成的社会关系

B. 法律关系是以法律上的权利、义务为内容而形成的社会关系

C. 法律关系是以国家强制力作为保障手段的社会关系

D. 法律关系是由法律关系主体、法律关系内容（权利义务）和法律关系客体三要素构成

208. 下列选项中，可以作为法律关系客体的有（ ）。

A. 人　　　　　　　　B. 行为

C. 物　　　　　　　　D. 货币

209. 下列选项中，属于产生法律责任原因的有（ ）。

A. 违法行为　　　　　B. 违约行为

C. 法律规定　　　　　D. 违反道德

210. 下列选项中，属于国务院职权的有（ ）。

A. 根据宪法和法律制定行政法规

B. 决定国务院组成人员人选

C. 编制和执行国家预算

D. 决定设立特别行政区

211. 下列有关民族自治地方自治权的表述，正

确的有 （　　）。

A. 民族自治地方的自治机关在执行财政预算过程中，自行安排使用依照国家财政体制属于民族自治地方的财政收入

B. 上级国家机关的决定，如不适合民族自治地方实际情况，自治机关可以自行决定停止执行

C. 民族自治地方对属于地方财政收入的某些需要从税收上加以照顾的，可以按规定实行减税或者免税

D. 民族自治地方自主决定本地方的医疗卫生事业发展规划

212. 下列选项中，属于全国人民代表大会常务委员会职权的有 （　　）。

A. 解释宪法和法律

B. 选举和罢免国家机构领导人

C. 在全国人民代表大会闭会期间，审查和批准国家预算在执行过程中所必须作的部分调整方案

D. 监督国务院的工作

213. 下列有关公民基本权利的表述，正确的有（　　）。

A. 劳动者有休息的权利

B. 公民在年老、疾病或者丧失劳动能力的情况下，有从国家和社会获得物质帮助的权利

C. 妇女在政治的、经济的、文化的、社会的和家庭的生活等各方面享有同男子平等的权利

D. 公民行使各项权利不受任何约束

214. 下列选项中，属于公民基本义务的有（　　）。

A. 遵守宪法和法律

B. 监督国家机关及其工作人员

C. 依法纳税

D. 维护国家统一和各民族团结

215. 根据《立法法》的规定，下列选项中，可以向全国人民代表大会提出法律案的有（　　）。

A. 全国人民代表大会主席团

B. 全国人民代表大会常务委员会

C. 国务院

D. 最高人民检察院

216. 根据《立法法》的规定，下列选项中，属于只能制定法律的事项有（　　）。

A. 犯罪和刑罚

B. 国家主权的事项

C. 国务院行政管理职权的事项

D. 基本经济制度以及财政、税收、海关、金融和外贸的基本制度

217. 下列选项中，属于有权根据法律和国务院

行政法规、决定、命令，在本部门职责范围内制定规章的有（　　　）。

A. 财政部

B. 国务院法制办公室

C. 审计署

D. 中国人民银行

218. 下列选项中，属于负责对部门规章与地方政府规章就同一事项规定不一致的问题进行裁决的主体有（　　　）。

A. 全国人大常委会

B. 全国人大常委会法制工作委员会

C. 国务院

D. 国务院法制办公室

219. 下列选项中，属于公务员应当具备的基本条件有（　　　）

A. 具有中华人民共和国国籍

B. 具有符合职位要求的文化程度和工作能力

C. 具有本科以上学历

D. 拥护宪法

220. 根据公务员法的规定，下列选项中，属于对公务员的处分有（　　　）。

A. 警告　　　　　　　B. 记过

C. 降级　　　　　　　D. 没收违法所得

221. 根据《国家赔偿法》的规定，下列选项中，属于行政机关及其工作人员在行使职权时侵犯公民人身权，受害人有取得赔偿权利的情形有（　　）。

A. 违法拘留或者违法采取限制公民人身自由的行政强制措施

B. 非法拘禁或者以其他方法非法剥夺公民人身自由

C. 以殴打、虐待等行为造成公民身体伤害或者死亡的

D. 放纵他人以殴打、虐待等行为造成公民身体伤害或者死亡的

222. 根据《国家赔偿法》的规定，下列选项中，国家不承担赔偿责任的情形有（　　）。

A. 因公民自己故意作虚伪供述，或者伪造其他有罪证据被羁押或者被判处刑罚的

B. 对没有犯罪事实的人错误逮捕的

C. 行使国家侦查、检察、审判、监狱管理职权的机关的工作人员与行使职权无关的个人行为

D. 因公民自伤、自残等故意行为致使损害发生的

223. 下列选项中，属于国家赔偿方式的有（　　）。

A. 支付赔偿金

B. 返还财产

C. 恢复原状

D. 赔礼道歉

224. 根据《国家赔偿法》的规定，国家机关和国家机关工作人员行使职权时，侵犯公民生命健康权，造成公民部分丧失劳动能力的，残疾赔偿金最高额为国家上年度职工平均工资的（　　）。

A. 5 倍　　　　　　　　　B. 10 倍

C. 15 倍　　　　　　　　D. 20 倍

225. 根据《国家赔偿法》的规定，下列选项中，属于国家赔偿金的有（　　）。

A. 侵犯公民人身自由应当支付的赔偿金

B. 侵犯公民生命健康权应当支付的赔偿金

C. 侵犯人身权致人精神损害造成严重后果应当支付的精神损害抚慰金

D. 侵犯公民、法人和其他组织财产权应当支付的赔偿金

226. 下列选项中属于依法行政的原则有（　　）。

A. 职权法定原则

B. 法律保留原则

C. 法律优先原则

D. 公开、公平与公正原则

227. 行政机关实施行政管理中应当遵循合理行政原则。下列选项中，关于合理行政原则的描述，正确的有（　　）。

A. 行政机关实施行政管理应当遵循公平、公正原则

B. 行政机关行使自由裁量权应当符合法律目的

C. 行政机关行使自由裁量权时所采取的措施和手段应当必要、适当

D. 行政机关实施行政管理可以采用多种方式实现行政目的的，应当避免采用损害当事人权益的方式

228. 根据 2011 年财政部制发的《关于加快推进财政部门依法行政依法理财的意见》，下列选项中，属于进一步提高财政法律制度建设质量的内容是（　　）。

A. 建立健全财政立法管理制度

B. 加强财政规范性文件制定管理

C. 加强规章和规范性文件的公开和清理工作

D. 完善公共财政体制

229. 根据《中共中央关于全面推进依法治国若干重大问题的决定》，下列有关宪法的表述正确的有（　　）。

A. 宪法确立了中国共产党的领导地位

B. 坚持依法治国首先要坚持依宪治国，坚持依

法执政首先要坚持依宪执政

C. 各政党都必须以宪法为根本的活动准则

D. 凡经人大及其常委会选举或者决定任命的国家工作人员正式就职时公开向宪法宣誓

230. 下列关于预算绩效的表述中，正确的有（　　）。

A. 各级预算应当遵循讲求绩效的原则

B. 编制各级预算应当参考有关支出绩效评价结果

C. 各级政府、各部门、各单位应当对预算支出情况开展绩效评价

D. 县级以上各级人民代表大会常务委员会和乡、民族乡、镇人民代表大会对本级决算草案应当重点审查重大投资项目资金的使用及绩效情况

231. 根据《预算法》规定，下列选项中，属于财政转移支付的有（　　）。

A. 一般性转移支付

B. 税收返还

C. 专项转移支付

D. 上解支出

232. 根据《预算法》的规定，下列关于财政转移支付的表述中，正确的有（　　）。

A. 一般性转移支付为主体

B. 专项转移支付应当分地区、分项目编制

C. 市场竞争机制能够有效调节的事项不得设立专项转移支付

D. 上级政府安排专项转移支付时均可以要求下级政府承担配套资金

233. 下列关于预算管理职责的表述中，正确的有（   ）。

A. 全国人民代表大会常务委员会有权撤销省、自治区、直辖市人民代表大会制定的同宪法、法律和行政法规相抵触的关于预算、决算的地方性法规和决议

B. 县级人民代表大会常务委员会有关工作机构对本级预算草案初步方案进行初审

C. 经市级政府批准，乡级预算草案可以由上一级政府代编

D. 财政部具体组织中央和地方预算的执行

234. 下列选项中，属于一般公共预算收入的有（   ）。

A. 行政事业性收费收入

B. 税收收入

C. 国有资源（资产）有偿使用收入

D. 城镇职工基本医疗保险基金收入

235. 下列关于中央政府债务的表述中，正确的

有（　　）。

A. 中央国有资本经营预算必需的部分资金可以通过债务方式筹措

B. 对中央一般公共预算中举借的债务实行余额管理

C. 中央政府债务余额不得超过全国人民代表大会批准的限额

D. 国务院财政部负责统一管理中央政府债务

236. 下列关于地方政府债务的表述中，正确的有（　　）。

A. 地方政府只能通过发行地方政府债券的方式举借债务

B. 地方政府举借债务的规模，由国务院报全国人民代表大会或者全国人民代表大会常务委员会批准

C. 经省级政府批准，设区的市、自治州可以自行发债

D. 国务院财政部门对地方政府债务实施监督

237. 下列关于报送本级人民代表大会审查和批准的预算草案应当细化的表述中，正确的有（　　）。

A. 本级一般公共预算支出按其功能分类应当编列到项

B. 本级一般公共预算支出按其经济性质分类，

基本支出应当编列到款

C. 本级政府性基金预算支出按其功能分类应当编列到项

D. 本级国有资本经营预算支出按其功能分类应当编列到类

238. 下列关于财政转移支付的表述中，正确的有（　　）。

A. 法律、行政法规和国务院的规定可以设立专项转移支付

B. 县级以上各级政府应当将对下级政府的转移支付预计数提前下达下级政府

C. 一般性转移支付应当按照国务院规定的基本标准和计算方法编制

D. 建立健全专项转移支付定期评估和退出机制

239. 根据《预算法》的规定，各级一般公共预算中，用于弥补以后年度预算资金不足的是（　　）。

A. 预备费

B. 预算周转金

C. 预算稳定调节基金

D. 结转资金

240. 下列选项中，属于人民代表大会审查预算草案重点内容的有（　　）。

A. 预算安排是否符合《预算法》规定

B. 重点支出和重大投资项目的预算安排是否适当

C. 预算安排举借的债务是否合法、合理

D. 预算的编制是否完整

241. 下列关于预算收入征收的表述中，正确的有（　　）。

A. 各级政府不得向预算收入征收部门和单位下达收入指标

B. 预算收入征收部门和单位必须依照法律、行政法规的规定，应收尽收

C. 预算收入征收部门和单位可以视预算收入征收完成情况予以缓征

D. 预算收入征收部门和单位可以视预算收入征收完成情况提前征收

242. 下列关于国库的表述中，正确的有（　　）。

A. 国家实行国库集中收缴和集中支付制度

B. 县级以上各级预算必须设立国库

C. 各级国库库款的支配权属于本级政府财政部门

D. 除法律、行政法规另有规定外，未经本级政府财政部门同意，任何部门、单位和个人无权冻结已

入国库的库款

243. 下列选项中，属于各级一般公共预算年度执行中超收收入用途的有（　　　）。

A. 安排重点支出

B. 冲减赤字

C. 补充预算稳定调节基金

D. 补充预备费

244. 下列选项中，属于省、自治区、直辖市一般公共预算年度执行中解决短收的措施有（　　　）。

A. 调入预算稳定调节基金

B. 减少支出

C. 经本级人民代表大会或其常务委员会批准，增列赤字，报财政部备案，并在下一年度予以弥补

D. 提前征收预算收入

245. 经全国人民代表大会批准的中央预算和经地方各级人民代表大会批准的地方各级预算，在执行中属于应当进行预算调整的情形有（　　　）。

A. 需要增加或者减少预算总支出的

B. 需要调入预算稳定调节基金的

C. 需要调减预算安排的重点支出数额的

D. 需要增加举借债务数额的

246. 下列关于决算的表述中，正确的有（　　　）。

A. 编制决算草案，必须做到收支真实、数额准确、内容完整、报送及时

B. 决算草案应当与预算相对应

C. 财政部编制中央决算草案应当经审计署审计后，再报国务院审定

D. 决算草案中，一般公共预算支出应当按其功能分类编列到款

247. 下列关于预算监督的表述中，正确的有（　　）。

A. 各级人民代表大会有权就预算、决算中的重大事项进行调查

B. 县级以上人民代表大会代表或者常务委员会组成人员，可以就预算、决算中的有关问题提出询问或者质询

C. 对预算执行和其他财政收支的审计工作报告应当向社会公开

D. 公民、法人或者其他组织发现违反预算法的行为，可以依法向有关国家机关进行检举、控告

248. 下列选项中，应当对负有直接责任的主管人员和其他责任人员给予降级、撤职、开除处分的行为有（　　）。

A. 未将所有政府收入和支出列入预算或者虚列收入和支出的

B. 违反法律、行政法规的规定，多征、提前征收或者减征、免征、缓征应征预算收入的

C. 截留、占用、挪用或者拖欠应当上缴国库的预算收入的

D. 擅自改变上级政府专项转移支付资金用途的

249. 下列选项中，属于政府采购原则的有（　　）。

A. 公开透明原则

B. 公平竞争原则

C. 公正原则

D. 诚实信用原则

250. 根据《政府采购法》的规定，下列选项中，属于可以不采购本国货物、工程或服务的情形是（　　）。

A. 为在中国境外使用而采购的

B. 需要采购的货物、工程或者服务在中国境内无法获取

C. 外国货物为国际知名品牌的

D. 需要采购的货物、工程或者服务在中国境内无法以合理的商业条件获取的

251. 下列选项中，属于供应商参加政府采购活动应当具备的条件有（　　）。

A. 具有独立承担民事责任的能力

B. 具有良好的商业信誉和健全的财务会计制度

C. 具有履行合同所必需的设备和专业技术能力

D. 具有参加过政府采购活动的经历

252. 下列选项中，属于政府采购方式的有（　　）。

A. 邀请招标

B. 定点采购

C. 竞争性谈判

D. 竞争性磋商

253. 根据《政府采购法》的规定，下列选项中，属于可以采用竞争性谈判方式采购货物和服务的情形有（　　）。

A. 招标后没有供应商投标或者没有合格标的，或者重新招标未能成立的

B. 采用公开招标方式的费用占政府采购项目总价值的比例过大的

C. 技术复杂或者性质特殊，不能确定详细规格或者具体要求的

D. 不能事先计算出价格总额的

254. 下列选项中，属于政府采购监督管理部门监督检查主要内容的有（　　）。

A. 有关政府采购的法律、行政法规和规章的执行情况

B. 采购范围、采购方式和采购程序的执行情况

C. 政府采购人员的职业素质和专业技能

D. 政府采购代理机构的代理资格

255. 根据《政府采购非招标采购方式管理办法》关于竞争性谈判采购方式的规定，下列选项中，正确的有（　　）。

A. 谈判小组所有成员应当集中与单一供应商分别进行谈判，并给予所有参加谈判的供应商平等的谈判机会

B. 在谈判过程中，谈判小组可以根据谈判文件和谈判情况实质性变动采购需求中的任何条款

C. 对谈判文件作出的实质性变动是谈判文件的有效组成部分，谈判小组应当及时以书面形式同时通知所有参加谈判的供应商

D. 已提交响应文件的供应商，在提交最后报价之前，可以根据谈判情况退出谈判。采购人、采购代理机构可以不予退还退出谈判的供应商的保证金

256. 根据《政府采购非招标采购方式管理办法》关于询价采购方式的规定，下列选项中，不正确的有（　　）。

A. 询价采购需求中的技术、服务等要求应当完整、明确，符合相关法律、行政法规和政府采购政策的规定

B. 询价小组在询价过程中，可以改变询价通知书所确定的合同文本

C. 参加询价采购活动的供应商，应当按照询价通知书的规定一次报出不得更改的价格

D. 在采购过程中符合竞争要求的供应商或者报价未超过采购预算的供应商不足3家的，采购人或者采购代理机构应当终止询价采购活动

257. 根据《政府采购法实施条例》的规定，国务院财政部门应当根据国家的经济和社会发展政策，会同国务院有关部门制定政府采购政策，可以通过下列哪些措施，实现节约能源、保护环境、扶持不发达地区和少数民族地区、促进中小企业发展等目标?（　　）

A. 制定采购需求标准

B. 预留采购份额

C. 价格评审优惠

D. 优先采购

258. 根据《政府采购法实施条例》的规定，供应商与采购人、其他供应商或者采购代理机构恶意串通的，依法进行惩处。下列选项中，属于恶意串通的情形有（　　）。

A. 供应商之间商定部分供应商放弃参加政府采购活动或者放弃中标、成交

B. 属于同一集团、协会、商会等组织成员的供应商按照该组织要求协同参加政府采购活动

C. 供应商之间事先约定由某一特定供应商中标、成交

D. 供应商之间协商报价、技术方案等投标文件或者响应文件的实质性内容

259. 根据《增值税暂行条例实施细则》的规定，下列单位或个体工商户的行为视同销售货物的有（　　）。

A. 将货物交付其他单位或者个人代销

B. 将购进的货物分配给股东或投资者

C. 将自产的货物无偿赠送给其他个人

D. 将自产的货物用于个人消费

260. 下列选项中，属于增值税免征范围的有（　　）。

A. 古旧图书

B. 直接用于科学研究的进口仪器

C. 农药、化肥

D. 图书、报纸、杂志

261. 根据《消费税暂行条例》的规定，下列选项中，属于应当缴纳消费税的消费品有（　　）。

A. 鞭炮　　　　　　B. 润滑油

C. 高档手表　　　　D. 私人飞机

262. 下列选项中，属于中国关税纳税人的有（　　）。

A. 进口货物的收货人

B. 进境物品的所有人

C. 出口货物的发货人

D. 出口货物的收货人

263. 根据《企业所得税法》的规定，下列选项中，属于不征税收入的项目有（　　）。

A. 财政拨款

B. 国债利息收入

C. 依法收取并纳入财政管理的行政事业性收费

D. 接受捐赠收入

264. 下列选项中，属于在计算企业所得税应纳税所得额时准予扣除的项目有（　　）。

A. 向投资者支付的权益性投资收益

B. 非银行企业内营业机构之间支付的利息

C. 非金融企业向金融企业借款的利息支出

D. 企业经批准发行债券的利息支出

265. 下列选项中，在计算企业所得税应纳税所得额时允许加计扣除的项目有（　　）。

A. 企业购置用于节能节水、安全生产等专用设备的投资额

B. 研究开发费

C. 企业安置残疾人员所支付的工资

D. 企业购置用于环境保护专用设备的投资额

266. 根据《个人所得税法》的规定，下列选项中，属于免纳个人所得税的项目有（　　　）。

A. 国债利息

B. 保险赔款

C. 红利所得

D. 特许权使用费所得

267. 下列选项中，属于资源税纳税范围的有（　　）。

A. 原油　　　　　　　　B. 地表水

C. 煤炭　　　　　　　　D. 盐

268. 下列选项中，可以作为房产税的纳税义务人的有（　　　）。

A. 产权所有人

B. 经营管理单位

C. 承典人

D. 房产代管人或者使用人

269. 下列选项中，免征船舶吨税的项目有（　　）。

A. 应纳税额在人民币 50 元以下的船舶

B. 自境外以购买、受赠、继承等方式取得船舶所有权的初次进口到港的空载船舶

C. 非机动驳船

D. 船舶吨税执照期满后 24 小时内不上下客货的

船舶

270. 下列选项中，有权确定增值税发票印制企业的部门有（   ）。

A. 国务院税务主管部门

B. 省、自治区、直辖市税务机关

C. 设区的市税务机关

D. 不设区的市和县级税务机关

271. 根据《税收征收管理法》的规定，下列选项中，关于税收征收管理规定表述正确的有（   ）。

A. 纳税人自领取营业执照之日起 30 日内向税务机关申报办理税务登记，税务机关应当于收到申报的当日办理登记并发给税务登记证件

B. 因税务机关的责任，导致纳税人少缴税款的，税务机关在 3 年内可以要求纳税人补缴税款

C. 已经开具的发票登记簿，至少应当保存 3 年

D. 违反税收法律、行政法规应当给予行政处罚的行为，在五年内未被发现的，不再给予行政处罚

272. 下列选项中，属于政府非税收入的有（   ）。

A. 罚没收入   B. 社会保险基金

C. 住房公积金   D. 彩票公益金

273. 根据《彩票管理条例》的规定，下列选项

中，关于彩票的特征表述正确的有（　　　）。

A. 彩票具有公益性

B. 彩票由国务院特许发行

C. 彩票只能自然人自愿购买，法人和其他组织不得购买彩票

D. 彩票作为一种特定形式的凭证，不返还本金，不计付利息

274. 根据《彩票管理条例》的规定，下列选项中，具有彩票发行审批权限的有（　　　）。

A. 财政部　　　　　　　B. 国家体育总局

C. 民政部　　　　　　　D. 彩票发行机构

275. 下列选项中，属于国有资源有偿使用收入的有（　　　）。

A. 探矿权和采矿权使用费及价款收入

B. 新增建设用地土地有偿使用费

C. 土地出让金收入

D. 公共交通线路经营权有偿出让取得的收入

276. 根据《会计法》的规定，制定并公布国家统一的会计制度的部门是（　　　）。

A. 国务院法制办公室　　B. 审计署

C. 证监会　　　　　　　D. 财政部

277. 下列规范会计工作的文件属于财政部门规章的是（　　　）。

A. 《企业财务会计报告条例》

B. 《企业会计准则——基本准则》

C. 《会计从业资格管理办法》

D. 《事业单位会计准则》

278. 根据《会计法》的规定，下列选项中，属于应当在本单位的财务会计报告上签名并盖章的人员有（　　）。

A. 单位负责人

B. 单位主管会计工作的负责人

C. 会计机构负责人

D. 编制报告的会计人员

279. 下列选项中，属于企业会计核算原则的有（　　）。

A. 真实性原则　　　　　B. 重要性原则

C. 谨慎性原则　　　　　D. 及时性原则

280. 对会计工作的社会监督包括（　　）。

A. 注册会计师对委托单位的财务会计报告进行的审计

B. 注册会计师对委托单位的经济活动进行的专项审计

C. 单位和个人检举违反会计法律制度规定的行为

D. 财政部门对单位会计人员和会计行为的监督

281. 根据《会计法》的规定，下列选项中，属于出纳人员不得兼任的工作有（　　）。

A. 稽核

B. 会计档案保管

C. 收入账目的登记

D. 支出账目的登记

282. 根据《会计法》的规定，下列选项中，属于对隐匿或者故意销毁依法应当保存的会计资料尚不构成犯罪的会计人员，可以给予的行政处罚是（　　）。

A. 予以警告，可以处 2000 元以上 2 万元以下的罚款

B. 予以警告，可以处 3000 元以上 5 万元以下的罚款

C. 吊销会计从业资格证书，可以处 2000 元以上 2 万元以下的罚款

D. 吊销会计从业资格证书，可以处 3000 元以上 5 万元以下的罚款

283. 下列选项中，属于注册会计师执行审计业务应当拒绝出具有关报告的情形有（　　）。

A. 委托人示意其作不实或者不当证明的

B. 委托人故意不提供有关会计资料和文件的

C. 因委托人有其他不合理要求，致使注册会计

师出具的报告不能对财务会计的重要事项作出正确表述的

D. 注册会计师在执行业务中知悉被审计单位商业秘密的

284. 下列选项中，有权对注册会计师、会计师事务所违反《注册会计师法》规定的行为给予行政处罚的有（   ）。

A. 财政部

B. 省、自治区、直辖市人民政府财政部门

C. 中国注册会计师协会

D. 省、自治区、直辖市注册会计师协会

285. 参加注册会计师统一考试成绩合格，并从事审计业务工作 2 年以上的人员，可以向下列哪个单位申请注册成为注册会计师？（   ）

A. 财政部

B. 省、自治区、直辖市人民政府财政部门

C. 中国注册会计师协会

D. 省、自治区、直辖市注册会计师协会

286. 注册会计师执行审计业务，必须按照执业准则、规则确定的工作程序出具报告，不得有下列行为中的（   ）。

A. 明知委托人对重要事项的财务会计处理与国家有关规定相抵触，而不予指明

B. 明知委托人的财务会计处理会直接损害报告使用人或者其他利害关系人的利益，而予以隐瞒或者作不实的报告

C. 明知委托人的财务会计处理会导致报告使用人或者其他利害关系人产生重大误解，而不予指明

D. 明知委托人的会计报表的重要事项有其他不实的内容，而不予指明

287. 以下哪项不是申请设立合伙会计师事务所应当具备的条件？（　　　）

A. 有 2 名以上的合伙人

B. 有书面合伙协议

C. 有不少于人民币 30 万元的注册资本

D. 有会计师事务所的名称

288. 会计师事务所跨省级行政区划设立分所的，批准设立分所的省级财政部门还应当将批准文件抄送（　　　）。

A. 会计师事务所所在地的市级财政部门

B. 会计师事务所所在地的省级财政部门

C. 会计师事务所所在地的省级注册会计师协会

D. 财政部

289. 根据《行政单位财务规则》的规定，下列属于行政单位收入的是（　　　）。

A. 财政拨款收入　　　　　B. 行政事业性收费

C. 政府性基金   D. 罚没收入

290. 根据《行政单位财务规则》的规定，下列属于行政单位流动资产的是（ ）。

A. 存货   B. 银行存款

C. 图书、档案   D. 房屋及构筑物

291. 根据《事业单位财务规则》的规定，事业单位向其他单位投资可以采用的投资方式有（ ）。

A. 货币资金   B. 实物

C. 专利权   D. 土地使用权

292. 根据《事业单位财务规则》的规定，下列收入属于事业单位收入的有（ ）。

A. 财政补助收入   B. 事业收入

C. 经营收入   D. 附属单位上缴收入

293. 下列选项中，事业单位国有资产配置应当符合的条件有（ ）。

A. 现有资产无法满足事业单位履行职能的需要

B. 难以与其他单位共享、共用相关资产

C. 难以通过市场购买产品或者服务的方式代替资产配置

D. 采取市场购买方式的成本过高

294. 下列选项中，属于《企业国有资产法》规定的履行出资人职责的机构履职要求的有（ ）。

A. 应当依照法律、行政法规以及企业章程履行出资人职责，保障出资人权益，防止企业国有资产损失

B. 应当维护企业作为市场主体依法享有的权利，除依法履行出资人职责外，不得干预企业经营活动

C. 对本级人民政府负责，向本级人民政府报告履行出资人职责的情况，接受本级人民政府的监督和考核，对企业国有资产的保值增值负责

D. 定期向本级人民政府报告有关企业国有资产总量、结构、变动、收益等汇总分析的情况

295. 根据《企业国有资产法》的规定，下列选项中，属于应当由履行出资人职责的机构决定的事项有（　　）。

A. 国有独资企业发行债券

B. 国有独资公司分配利润

C. 国有独资公司分立、合并、解散

D. 国有资本控股公司分配利润

296. 下列选项中，属于《企业国有资产法》所称的企业改制的情形有（　　）。

A. 国有独资企业改为国有独资公司

B. 国有独资企业改为国有资本控股公司

C. 国有独资公司改为非国有资本控股公司

D. 非国有资本控股公司改为国有资本控股公司

297. 下列选项中，属于企业国有资产法定评估事项的有（　　）。

A. 国有独资企业转让重大财产

B. 国有独资公司以非货币财产对外投资

C. 国有资本控股公司清算

D. 国有独资企业合并、分立、改制

298. 下列选项中，属于配置行政单位国有资产应当遵循的原则有（　　）。

A. 严格执行法律、法规和规章制度的原则

B. 资产配置与行政单位履行职能需要相适应的原则

C. 科学合理、优化资产结构的原则

D. 勤俭节约、从严控制的原则

299. 根据《财政违法行为处罚处分条例》的规定，下列选项中，属于财政违法行为执法主体的有（　　）。

A. 县级人民政府财政部门

B. 县级人民政府财政部门的派出机构

C. 省级人民政府财政部门

D. 省级人民政府财政部门的派出机构

300. 根据《财政违法行为处罚处分条例》的规定，下列选项中，属于违反国家财政收入管理规定的行为有（　　）。

A. 未报经有权机关批准，设立财政收入项目

B. 征收国务院已决定取消的行政事业性收费

C. 缓收、不收财政收入

D. 违反规定扩大开支范围，提高开支标准

301. 根据《财政违法行为处罚处分条例》的规定，下列选项中，属于对国家机关及其工作人员违反《担保法》及国家有关规定擅自提供担保的行政处罚措施有（   ）。

A. 责令改正

B. 调整有关会计账目

C. 没收违法所得

D. 对直接负责的主管人员和其他直接责任人员给予降级、撤职或者开除处分

302. 根据《财政违法行为处罚处分条例》的规定，财政部门依法进行调查或者检查时，需要向金融机构查询被调查、检查单位存款的，应当具备一定的条件。下列选项中，属于查询存款需要具备条件的有（   ）。

A. 必须经县级以上人民政府财政部门的负责人批准

B. 应当持有县级以上人民政府财政部门签发的查询存款通知书

C. 必须经被调查、检查单位的负责人同意

D. 执法人员不得少于 2 人，并应当向当事人或有关人员出示证件

303. 根据《财政违法行为处罚处分条例》的规定，财政部门依法进行调查或者检查时，在有关证据可能灭失或者以后难以取得的情况下，经批准后可以先行登记保存。下列选项中，有权批准该事项的有（　　）。

A. 县级人民政府财政部门的负责人

B. 县级人民政府财政部门的派出机构负责人

C. 省级人民政府财政部门的负责人

D. 省级人民政府财政部门派出机构的负责人

304. 根据《财政部门监督办法》的规定，财政部门对个人实施监督检查时，下列选项中，可以依法采取的措施的有（　　）。

A. 向金融机构查询存款

B. 要求提供与监督事项有关的资料

C. 责令停止正在进行的财政违法行为

D. 对拒不执行停止财政违法行为命令的，暂停财政拨款或者停止拨付与违法行为直接有关的款项

305. 下列选项中，属于行政许可法调整范围的有（　　）。

A. 某公司拟从江河取用水资源，向主管部门申请取水许可证

B. 行政机关根据某化肥厂的申请，发给其生产许可证

C. 北京某大学希望上级教育主管部门拨款对学校进行扩建，上级教育主管部门对其申请予以批准

D. 老王下岗后想开一个小饭馆，向工商局提出申请，工商局审查后发给老王营业执照

306. 根据《行政许可法》的规定，下列选项中，可以设定行政许可的有（　　　）。

A. 国务院决定

B. 地方性法规

C. 国务院批准的较大的市人民政府规章

D. 国务院部门规章

307. 根据《行政许可法》的规定，下列关于行政许可实施主体的表述正确的有（　　　）。

A. 行政机关实施行政许可必须具有行政许可权

B. 法律、法规、规章授权的具有管理公共事务职能的组织可以实施行政许可

C. 行政机关在其法定职权范围内，依照法律、法规、规章的规定，可以委托其他机关实施许可

D. 受委托机关在委托范围内，以自己名义实施行政许可

308. 刘某向卫生局申请在小区设立个体诊所，卫生局受理申请。小区居民陈某等人提出，诊所的医

疗废物会造成环境污染，要求卫生局不予批准。根据《行政许可法》规定，下列选项中正确的有（　　　　）。

A. 刘某既可以书面也可以口头申请设立个体诊所

B. 卫生局受理刘某申请后，应当向其出具加盖本机关专用印章和注明日期的书面凭证

C. 如陈某等人提出听证要求，卫生局同意并听证的，组织听证的费用应由陈某承担

D. 如卫生局拒绝刘某申请，原则上应作出书面决定，必要时口头告知即可

309. 根据《行政许可法》的规定，下列关于行政许可延续的表述正确的有（　　　　）。

A. 被许可人应当向作出行政许可决定的原行政机关提出延续许可的申请

B. 除法律、法规、规章另有规定外，被许可人应当在该行政许可有效期届满前 30 日提出许可延续申请

C. 如被许可人依法提出申请，审批机关应当在该行政许可有效期届满前做出是否准予延续的决定

D. 如被许可人依法提出申请，审批机关在该行政许可有效期届满前不予答复的，视为拒绝延续

310. 某市安监局向甲公司发放《烟花爆竹生产企业安全生产许可证》后，发现甲公司提交的申请

材料系伪造。对于该许可证的处理，下列选项正确的是（　　　）。

A. 吊销　　　　　　　　B. 撤销

C. 撤回　　　　　　　　D. 注销

311. 根据《行政许可法》的规定，下列选项中，属于应当注销行政许可的情形有（　　　）。

A. 行政许可有效期届满未延续的

B. 违反法定程序作出准予行政许可决定的

C. 法人或者其他组织依法终止的

D. 因不可抗力导致行政许可事项无法实施的

312. 下列选项中，属于行政处罚的有（　　　）。

A. 公安交管局暂扣违章驾车张某的驾驶执照6个月

B. 工商局对一企业有效期届满未申请延续的营业执照予以注销

C. 卫生局对流行性传染病患者强制隔离

D. 食品药品监督局责令某食品生产者召回其已上市销售的不符合食品安全标准的食品

313. 根据《行政处罚法》的规定，下列法的表现形式中，可以设定吊销企业营业执照的有（　　　）。

A. 法律　　　　　　　　B. 行政法规

C. 地方性法规　　　　　D. 地方政府规章

314. 根据《行政处罚法》的规定，下列选项中，具有行使限制人身自由的行政处罚权的主体有（　　）。

A. 人民法院　　　　　B. 公安机关

C. 财政机关　　　　　D. 税务机关

315. 某房地产公司开发一幢大楼，实际占用土地的面积超出其依法获得的出让土地使用权面积，实际建筑面积也超出了建设工程规划许可证规定的面积。关于对该公司的处罚，下列选项中正确的有（　　）。

A. 只能由土地行政主管部门按照非法占用土地予以处罚

B. 只能由城乡规划主管部门按违章建筑予以处罚

C. 根据一事不再罚原则，由当地政府确定其中一种予以处罚

D. 由土地行政主管部门、城乡规划主管部门分别予以处罚

316. 根据《行政处罚法》的规定，除法律另有规定外，违法行为在一定年限内未被发现的，不再给予行政处罚。该年限是（　　）。

A. 1 年　　　　　　　B. 2 年

C. 3 年　　　　　　　D. 4 年

317. 根据《行政处罚法》的规定，下列选项中，属于听证范围的是（　　　）。

A. 责令停产停业

B. 吊销许可证或者执照

C. 处以较大数额罚款

D. 行政拘留

318. 王某擅自使用机动渔船渡客。渔船行驶过程中，被某港航监督站执法人员发现，当场对王某作出罚款50元的行政处罚，并立即收缴了该罚款。关于缴纳罚款，下列做法正确的是（　　　）。

A. 执法人员应当自抵岸之日起 2 日内将罚款交至指定银行

B. 执法人员应当自抵岸之日起 5 日内将罚款交至指定银行

C. 执法人员应当自抵岸之日起 2 日内将罚款交至所在行政机关，由行政机关在 2 日内缴付指定银行

D. 执法人员应当自抵岸之日起 2 日内将罚款交至所在行政机关，由行政机关在 5 日内缴付指定银行

319. 根据《行政强制法》规定，下列选项中，属于行政强制执行方式的有（　　　）。

A. 加处罚款或者滞纳金

B. 划拨存款、汇款

C. 拍卖或者依法处理查封、扣押的场所、设施

或者财物

D. 排除妨碍、恢复原状

320. 下列选项中，属于县级以上地方各级人民政府监察机关监察范围的有（　　）。

A. 本级人民政府各部门及其国家公务员

B. 本级人民政府任命的其他人员

C. 本级人民政府各部门任命的其他人员

D. 下一级人民政府及其领导人员

321. 下列选项中，属于监察机关监察职责的有（　　）。

A. 检查国家行政机关在遵守和执行法律、法规和人民政府的决定、命令中的问题

B. 受理对国家行政机关、国家公务员和国家行政机关任命的其他人员违反行政纪律行为的控告、检举

C. 调查处理国家行政机关、国家公务员和国家行政机关任命的其他人员违反行政纪律的行为

D. 受理国家公务员和国家行政机关任命的其他人员不服主管行政机关给予行政处分决定的申诉，以及法律、行政法规规定的其他由监察机关受理的申诉

322. 下列选项中，属于监察机关履行职责，有权采取的措施有（　　）。

A. 要求被监察的部门和人员提供与监察事项有

关的文件、资料、财务账目及其他有关的材料，进行查阅或者予以复制

B. 要求被监察的部门和人员就监察事项涉及的问题作出解释和说明

C. 责令被监察的部门和人员停止违反法律、法规和行政纪律的行为

D. 对有严重违法行为的被监察的部门和人员自行提起诉讼

323. 下列选项中，监察机关在调查违反行政纪律行为时，可以根据实际情况和需要采取的措施有（　　）。

A. 暂予扣留、封存可以证明违反行政纪律行为的文件、资料、财务账目及其他有关的材料

B. 对涉嫌严重违反行政纪律的人员实行行政拘留

C. 责令有违反行政纪律嫌疑的人员在指定的时间、地点就调查事项涉及的问题作出解释和说明

D. 建议有关机关暂停有严重违反行政纪律嫌疑的人员执行职务

324. 下列选项中，可以依法申请行政复议的情形有（　　）。

A. 对行政机关作出的行政处罚决定不服的

B. 对行政机关作出的行政处分决定不服的

C. 认为行政机关违法摊派费用的

D. 认为符合法定条件，申请行政机关颁发资格证书，行政机关没有依法办理的

325. 根据行政复议法的规定，公民、法人或者其他组织认为行政机关的具体行政行为所依据的有关规定不合法，在对具体行政行为申请行政复议时，可以一并提出审查申请。下列选项中，属于可以一并提出审查申请的规定的有（　　）。

A. 国务院部门规章

B. 地方人民政府规章

C. 国务院部门制定的规章以外的规定

D. 省级人民政府工作部门的规定

326. 下列有关行政复议管辖的表述，正确的有（　　）。

A. 对地方各级人民政府的具体行政行为不服的，向上一级地方人民政府申请行政复议

B. 对法律、法规授权组织的具体行政行为不服的，分别向直接管理该组织的地方人民政府、地方人民政府工作部门或者国务院部门申请行政复议

C. 对两个或者两个以上行政机关以共同名义作出的具体行政行为不服的，向其共同上一级行政机关申请行政复议

D. 对被撤销的行政机关在撤销前所作出的具体

行政行为不服的，向继续行使其职权的行政机关的上一级行政机关申请行政复议

327. 《行政复议法》规定，除其他法律、法规另有规定外，公民、法人或者其他组织认为具体行政行为侵犯其合法权益的，可以自知道该具体行政行为之日起的法定期限内提出行政复议申请。该法定期限是（　　）。

A. 15 日　　　　　　　　B. 30 日

C. 60 日　　　　　　　　D. 90 日

328. 根据《行政复议法》的规定，下列选项中，属于行政复议受理时间的有（　　）。

A. 申请人邮寄行政复议申请书之日

B. 行政复议机关负责法制工作的机构收到之日

C. 行政复议机关决定受理之日

D. 行政复议答复通知书发出之日

329. 根据《行政复议法》的规定，下列选项中，有关行政复议审理程序的表述，正确的有（　　）。

A. 行政复议原则上采取书面审查

B. 行政复议期间被申请人改变原具体行政行为的，不影响行政复议案件的审理

C. 行政复议期间涉及专门事项需要鉴定的，鉴定费用由行政复议机关承担

D. 申请人、被申请人因不可抗力，不能参加行

政复议的，行政复议终止

330. 根据《行政复议法》的规定，下列选项中，行政复议机关可以撤销、变更被复议的具体行政行为的情形有（　　　）。

A. 具体行政行为适用法律依据错误的

B. 具体行政行为违反法定程序的

C. 具体行政行为明显不当的

D. 被申请人不依法提出书面答复，未提交当初作出具体行政行为的证据、依据和其他有关材料的

331. 根据修改后的《行政诉讼法》，属于人民法院受理公民、法人或者其他组织提起行政诉讼受案范围的事项有（　　　）。

A. 申请行政许可，行政机关拒绝或者在法定期限内不予答复的

B. 认为行政机关滥用行政权力排除或限制竞争的

C. 认为行政机关未按照约定履行土地房屋征收补偿协议的

D. 认为行政机关制定的具有普遍约束力的决定不合法的

332. 根据修改后的《行政诉讼法》，属于中级人民法院管辖的第一审行政案件有（　　　）。

A. 对国务院部门所作的行政行为提起诉讼的

案件

B. 对县级以上地方人民政府所作的行政行为提起诉讼的案件

C. 海关处理的案件

D. 本辖区内重大、复杂的案件

333. 根据修改后的《行政诉讼法》，下列有关行政诉讼管辖的表述，正确的有（　　　）。

A. 行政案件由最初做出行政行为的行政机关所在地人民法院管辖。经复议的案件，也可以由复议机关所在地人民法院管辖

B. 对限制人身自由的行政强制措施不服提起的诉讼，由被告所在地或者原告所在地人民法院管辖

C. 因不动产提起的行政诉讼，由不动产所在地人民法院管辖

D. 两个以上人民法院都有管辖权的案件，原告可以选择其中一个人民法院提起诉讼

334. 根据修改后的《行政诉讼法》，不得在公开开庭时出示的证据有（　　　）。

A. 涉及国家秘密的证据

B. 涉及商业秘密的证据

C. 涉及个人隐私的证据

D. 涉及国家利益的证据

335. 根据修改后的《行政诉讼法》，下列有关证

据的表述，正确的有（　　）。

A. 被告对作出的行政行为负有举证责任，应当提供作出该行政行为的证据和所依据的规范性文件

B. 在诉讼过程中，被告及其诉讼代理人可以自行向原告、第三人和证人收集证据

C. 原告提出了其在行政处理程序中没有提出的理由或者证据的，经人民法院准许，被告可以补充证据

D. 原告可以提供证明行政行为违法的证据。原告提供的证据不成立的，不免除被告的举证责任

336. 根据修改后的《行政诉讼法》，公民、法人或者其他组织认为行政行为所依据的文件不合法，在对行政行为提起诉讼时，可以一并请求对该文件进行审查的有（　　）。

A. 国务院部门制定的规章

B. 国务院部门制定的规范性文件

C. 地方人民政府制定的规章

D. 地方人民政府部门制定的规范性文件

337. 根据修改后的《行政诉讼法》，诉讼期间，不停止行政行为的执行。人民法院裁定停止执行的情形有（　　）。

A. 被告认为需要停止执行的

B. 原告或者利害关系人申请停止执行，人民法

院认为该行政行为的执行会造成难以弥补的损失，并且停止执行不损害国家利益、社会公共利益的

C. 人民法院认为该行政行为的执行会给国家利益、社会公共利益造成重大损失的

D. 法律、法规规定停止执行的

338. 根据修改后的《行政诉讼法》，人民法院审理行政案件，不适用调解。但是，可以调解的情形有（　　）。

A. 行政赔偿案件

B. 行政补偿案件

C. 行政许可案件

D. 行政机关行使法律、法规规定的自由裁量权案件

339. 下列选项中，属于应当主动公开的政府信息有（　　）。

A. 反映行政机关机构设置、职能、办事程序等情况的信息

B. 需要社会公众广泛知晓的信息

C. 需要社会公众广泛参与的信息

D. 涉及公民、法人或者其他组织切身利益的信息

340. 根据《政府信息公开条例》的规定，下列选项中，属于一般情况下不予公开的政府信息有

（　　　）。

A. 涉及国家秘密的政府信息

B. 涉及商业秘密的政府信息

C. 涉及个人隐私的政府信息

D. 公开后可能危及国家安全的信息

341. 下列选项中，属于行政机关主动公开政府信息的方式与途径有（　　　）。

A. 政府公报

B. 新闻发布会

C. 政府网站

D. 广播、电视

342. 根据《政府信息公开条例》的规定，下列选项中，属于公民、法人或者其他组织提出政府信息公开申请时应当包括的内容有（　　　）。

A. 申请人的姓名或者名称

B. 申请人的联系方式

C. 申请公开的政府信息的内容描述

D. 申请公开的政府信息的形式要求

343. 下列有关对公民、法人或其他组织提出的信息公开申请答复的表述，正确的有（　　　）。

A. 申请公开的政府信息属于公开范围的，告知申请人获取该政府信息的方式和途径

B. 申请公开的政府信息不属于公开范围的，告

知当事人并说明理由

C. 申请公开的政府信息不属于本行政机关公开，但能确定该政府信息的公开机关的，告知申请人该行政机关的名称、联系方式

D. 申请书内容不明确的，退回申请人

（四） 判断题 （共 142 题）

344. 法律概念是指对各种法律事实进行概括，抽象出它们的共同特征而形成的权威性范畴。（   ）

345. 对同一制定主体制定的法，特别法效力优于一般法，新法效力优于旧法。（   ）

346. 在我国，公民、法人、非法人组织和国家都可以作为法律关系的主体。（   ）

347. 中华人民共和国的一切权力属于人民。人民行使国家权力的机关是全国人民代表大会和地方各级人民代表大会。（   ）

348. 在人民代表大会闭会期间，县级以上地方各级人大常委会主任会议或者常委会五分之一以上组成人员联名，可以向常委会提出对由该级人民代表大会选出的上一级人民代表大会代表的罢免案。

（　　　）

349. 我国实行的是以按劳分配为主体、多种分配方式并存的分配制度。（　　　）

350. 中华人民共和国主席代表中华人民共和国，进行国事活动，接受外国使节。（　　　）

351. 中华人民共和国公民，是指具有中华人民共和国国籍并年满十八周岁的自然人。（　　　）

352. 劳动和受教育既是我国公民的基本权利，也是我国公民的基本义务。（　　　）

353. 人民法院是国家的审判机关，依照法律规定独立行使审判权。（　　　）

354. 社会保障是指公民因年老、疾病、伤残、失业、生育、死亡、灾害以及其他情况导致生活困难时，由国家和社会依法给予物质帮助。（　　　）

355. 列入全国人民代表大会常务委员会会议议程的法律案，一般应当经两次常务委员会会议审议交付表决。（　　　）

356. 法律解释权属于全国人民代表大会常务委员会。（　　　）

357. 涉及两个以上国务院部门职权范围的事项，各部门可以分别制定部门规章予以规范。（　　　）

358. 同一机关制定的新的一般规定与旧的特别规定不一致时，由上级机关裁决。（　　　）

359. 行政法规的解释与行政法规具有同等效力。
（　　）

360. 辞职是公务员的一项权利，是公务员择业自由的一种实现形式，因此任何情形下任免机关都不得限制公务员辞职。（　　）

361. 法律、法规授权的组织以及行政机关委托的组织根据授权或者委托行使特定的行政职能，其违法造成的损害应由相关组织承担民事责任。（　　）

362. 行政机关及其工作人员行使行政职权侵犯公民、法人和其他组织的合法权益造成损害的，该行政机关的同级财政部门为赔偿义务机关。（　　）

363. 赔偿请求人请求国家赔偿的时效为2年，自国家机关及其工作人员行使职权时的行为被依法确认为违法之日起计算。（　　）

364. 赔偿请求人要求国家赔偿的，赔偿义务机关、复议机关和人民法院不得向赔偿请求人收取任何费用。（　　）

365. 财政部门发现赔偿项目、计算标准违反《国家赔偿法》规定的，应当依法对具体的赔偿数额作出变更，并通知赔偿请求人、赔偿义务机关。
（　　）

366. 赔偿义务机关的同级财政部门应当依照国家赔偿法的规定，责令有关工作人员、受委托的组织

或者个人承担或者向有关工作人员追偿部分或者全部国家赔偿费用。（　　）

367. 人定胜天，实现法治国家是不需要条件的。（　　）

368. 行政权之所以谓之为"权"，是因为它是公权力，没有义务和责任。（　　）

369. 政府性基金预算可以直接安排资金调入国有资本经营预算。（　　）

370. 政府性基金预算应当根据基金项目收入情况和实际支出需要，按基金项目编制，做到以收定支。（　　）

371. 上级政府在安排专项转移支付时，一律不得要求下级政府承担配套资金。（　　）

372. 经省、自治区、直辖市政府批准，乡、民族乡、镇本级预算草案、预算调整方案、决算草案，可以由上一级政府代编。（　　）

373. 各级政府依据法定权限作出决定或者制定行政措施，凡涉及增加或者减少财政收入或者支出的，应当在预算批准前提出并在预算草案中作出相应安排。（　　）

374. 地方政府一般公共预算中必需的部分资金，可以通过举借国内和国外债务等方式筹措。（　　）

375. 地方各级政府应当将上级政府提前下达的

转移支付预计数编入本级预算。（　　　）

376. 各级政府连续两年未用完的结转资金，应当作为结余资金管理。（　　　）

377. 县级以上地方各级预算安排对下级政府的一般性转移支付和专项转移支付，应当分别在本级人民代表大会批准预算后的三十日和九十日内正式下达。（　　　）

378. 预算年度开始后，各级预算草案在本级人民代表大会批准前，可以安排上一年度结转的支出。（　　　）

379. 各级预算预备费的动用方案，由本级政府报本级人民代表大会或者其常务委员会批准。（　　　）

380. 各级一般公共预算的结余资金，应当补充预算稳定调节基金。（　　　）

381. 在预算执行中，由于发生自然灾害等突发事件，必须及时增加预算支出的，应当先动支预备费；预备费不足支出的，各级政府可以先安排支出，属于预算调整的，列入预算调整方案。（　　　）

382. 在预算执行中，地方各级政府因上级政府增加专项转移支付引起预算支出变化，需要进行预算调整。（　　　）

383. 各级政府及有关部门违反预算法规定开设

财政专户的，对负有直接责任的主管人员和其他直接责任人员追究行政责任。（　　）

384. 各级政府、各部门、各单位违反预算法规定举借债务或者为他人债务提供担保的，对负有直接责任的主管人员和其他直接责任人员给予降级、撤职的处分。（　　）

385. 政府采购应当严格按照批准的预算执行。（　　）

386. 在政府采购活动中，采购人员及相关人员与供应商有利害关系的，可以视情况自行回避。（　　）

387. 政府采购法所称服务，包括政府自身需要的服务和政府向社会公众提供的公共服务。（　　）

388. 单位负责人为同一人或者存在直接控股、管理关系的不同供应商，不得参加同一合同项下的政府采购活动。（　　）

389. 政府采购招标文件的提供期限自开始发出之日起不得少于 7 个工作日。（　　）

390. 招标文件要求投标人提交投标保证金的，投标保证金不得超过采购项目预算金额的 2%。（　　）

391. 任何情形下，采购人、采购代理机构均不得以任何理由组织重新评审。（　　）

392. 政府采购文件可以用电子档案方式保存。（　　）

393. 中标供应商拒绝与采购人签订合同的，采购人只能重新开展政府采购活动。（　　）

394. 达到公开招标数额标准的货物、服务采购项目，拟采用非招标采购方式的，采购人应当在采购活动开始前，报经主管预算单位同意后，向设区的市、自治州以上人民政府财政部门申请批准。（　　）

395. 增值税销项税额计算公式中的销售额为纳税人销售货物或者应税劳务向购买方收取的全部价款和价外费用，且包括收取的销项税额。（　　）

396. 如果增值税当期销项税额小于当期进项税额，不足抵扣的，其不足部分可以结转下期继续抵扣。（　　）

397. 企业生产的应税消费品用于职工福利的无须缴纳消费税。（　　）

398. 企业所得税应纳税所得额的计算以收付实现制为原则。（　　）

399. 企业在汇总计算缴纳企业所得税时，可以用其境外营业机构的亏损抵减境内营业机构的盈利。（　　）

400. 非居民企业转让财产所得，以收入全额为

企业所得税应纳税所得额。（　　）

401. 海关征收关税，可以按有关外币计征。（　　）

402. 石油公司开采原油过程中用于加热、修井的原油，免纳资源税。（　　）

403. 城镇土地使用税的纳税人是指在城市、县城、建制镇和工矿区范围内使用土地的单位。（　　）

404. 房产税的税率，依照房产余值计算缴纳的，税率为1.2%；依照房产租金收入计算缴纳的，税率为12%。（　　）

405. 耕地占用税纳税人是指占用耕地建房或者从事其他非农业建设的单位和个人。（　　）

406. 从事机动车第三者责任强制保险业务的保险机构为机动车车船税的扣缴义务人，在收取保险费时依法代收车船税。（　　）

407. 购置二手车辆，无须缴纳车辆购置税。（　　）

408. 省级财政部门印制的财政票据只能在本行政区域内发放使用。（　　）

409. 政府非税收入不属于税收，因此不需要上缴国库或者财政专户。（　　）

410. 政府性基金实行中央、省级两级审批制度。

(　　)

411. 财政部门可以自行征收政府性基金，也可以委托其他机构代征政府性基金。委托其他机构代征的，其代征费用纳入预算予以安排。(　　)

412. 会计法律制度指的是全国人大常委会制定的《中华人民共和国会计法》。(　　)

413. 会计凭证、会计账簿、财务会计报告和其他会计资料，必须符合国家统一的会计制度的规定。(　　)

414. 会计机构和会计人员对不真实、不合法的原始凭证有权不予接受，并向单位负责人报告。(　　)

415. 在公允价值计量下，资产和负债按照市场参与者在计量日发生的有序交易中，出售资产所能收到或者转移负债所需支付的价格计量。(　　)

416. 单位可以根据自身的需要，在不同的会计期间随意选择不同的会计处理方法。(　　)

417. 会计机构负责人是单位财务会计报告的责任主体，必须保证对外提供的财务会计报告的真实、完整。(　　)

418. 会计档案的保管期限分为永久、定期两类，其中定期保管的最长期限是 25 年。(　　)

419. 单位负责人对依法履行职责、抵制违反

《会计法》规定行为的会计人员进行打击报复，属于违法行为。（　　）

420. 注册会计师可以以个人名义执行业务，但需报省级注册会计师协会批准。（　　）

421. 注册会计师承办业务，可以同时在两个或者两个以上的会计师事务所执行业务。（　　）

422. 省级财政部门批准设立会计师事务所分所的，应当向申请人下达批准文件、颁发会计师事务所分所执业证书，并将批准文件抄报财政部、中国注册会计师协会。（　　）

423. 设立会计师事务所，由国务院财政部门或者省、自治区、直辖市人民政府财政部门批准。（　　）

424. 会计师事务所及其分所采取欺骗、贿赂等不正当手段获得批准设立的，由所在地的省级注册会计师协会予以撤销。（　　）

425. 外国会计师事务所需要在中国境内临时办理有关业务的，应报国务院财政部门批准。（　　）

426. 企业取得属于政府转贷、偿还性资助的财政资金，应当作为负债管理。（　　）

427. 金融企业高层管理人员的境外培训和考察，其一次性单项支出较高的费用应当从职工教育经费中支出。（　　）

428. 根据《行政单位财务规则》的规定，固定资产是指使用期限超过 1 年，单位价值在 1 万元以上，并在使用过程中基本保持原有物质形态的资产。（　　）

429. 根据《事业单位财务规则》的规定，事业单位预算应当自求收支平衡，如需编列赤字，需经同级财政部门批准。（　　）

430. 根据《企业国有资产法》的规定，国家出资企业是指国家出资的国有独资企业、国有独资公司，以及国有资本控股公司、国有资本参股公司。（　　）

431. 履行企业国有出资人职责的机构对本级人民政府负责，向本级人民政府报告履行出资人职责的情况，接受本级人民政府的监督和考核，对国有资产的保值增值负责。（　　）

432. 国有资本控股公司、国有资本参股公司与关联方进行交易，公司董事会对公司与关联方的交易作出决议时，该交易涉及的董事不得行使表决权，但可以代理其他董事行使表决权。（　　）

433. 行政单位可自行决定将占有、使用的国有资产对外出租、出借。（　　）

434. 《事业单位国有资产产权登记证》是由各级财政部门印制的，证明国家对事业单位国有资产享有所有权，单位享有占有、使用权的法律凭证。
（　　　）

435. 事业单位按照国家规定运用国有资产组织收入形成的资产，属于事业单位国有资产。（　　　）

436. 对于事业单位长期闲置、低效运转或者超标准配置的资产，事业单位主管部门可以在本部门所属事业单位之间进行调剂，并报同级财政部门备案。（　　　）

437. 财政部门履行监督检查职责时，认为有关单位或者个人涉嫌犯罪的，应当依法办理案件移送。其中，对于同一案件既涉嫌职务犯罪又涉嫌其他犯罪，检察机关与公安机关分别具有管辖权的，应当同时移送检察机关、公安机关。（　　　）

438. 财政部驻各地专员办在实施财政监督检查中认为应当移送的案件，对于涉嫌犯罪金额超过800万元或者责任人员涉及副厅（局）级以上领导干部的，应当报送财政部决定移送机关。（　　　）

439. 对单位和个人违反财政违法行为处罚处分条例的行为，财政部门可以公告其违法行为及处理、处罚决定。（　　　）

440. 财政部门实施财政检查，对财政检查工作管辖发生争议时，可以报请共同的上一级财政部门指定管辖。（　　　）

441. 财政部门实施财政检查，可以根据需要聘请专门机构或具有专门知识的人员协助开展工作。（　　）

442. 财政部门对有关单位或者个人依法进行调查、检查后，对未发现有财政违法行为的被检查单位或者个人不需出具调查、检查结论。（　　）

443. 法律、法规以外的其他规范性文件不得设定行政强制措施。（　　）

444. 行政强制措施只能由行政机关具备资格的行政执法人员实施。（　　）

445. 行政机关作出的行政许可决定，应当全部予以公开。（　　）

446. 法规、规章对实施上位法设定的行政许可作出的具体规定，不得增设行政许可；对行政许可条件作出的具体规定，不得增设违反上位法的其他条件。（　　）

447. 行政机关可以委托其他机关实施行政许可。受委托机关在委托范围内，可以委托其他组织实施行政许可。（　　）

448. 公民、法人或者其他组织申请行政许可，可以通过信函、电报、电传、传真、电子数据交换和电子邮件等方式提出。（　　）

449. 在办理行政许可过程中，行政机关可以主动举行听证，也可以依申请举行听证。对于主动举行的听证，组织听证的费用应当由行政机关承担；对于依申请举行的听证，组织听证的费用应当由申请人承担。（　　）

450. 除法律、行政法规另有规定外，对于有数量限制的行政许可，两个或者两个以上申请人的申请均符合法定条件、标准的，行政机关应当根据受理行政许可申请的先后顺序作出准予行政许可的决定。（　　）

451. 财政机关在行政许可听证过程中，如遇申请听证的公民死亡、法人或者其他组织终止，尚未确定权利义务承受人的情形，可以延期举行听证。（　　）

452. 公民、法人或者其他组织因违法受到行政处罚，其违法行为对他人造成损害的，还应当依法承担民事责任。（　　）

453. 对当事人的同一个违法行为，行政机关已经给予当事人行政拘留的，人民法院判处拘役时，应当折抵相应刑期。（　　）

454. 行政机关依照法律、法规或者规章的规定，可以在其法定权限范围内委托符合条件的组织或个人实施行政处罚。（　　）

455. 行政机关对情节轻微并及时纠正，且没有

造成危害后果的违法行为，可以从轻处罚。（　　）

456. 行政机关实施行政处罚，当事人有权进行陈述和申辩，行政机关应当充分听取当事人的意见。当事人提出的事实、理由或证据成立的，行政机关应当采纳；当事人提出的事实、理由或证据不成立的，行政机关可以加重处罚。（　　）

457. 除法律另有规定的情形外，当事人对行政处罚决定不服申请行政复议或者提起行政诉讼的，行政处罚中止执行。（　　）

458. 对于行政机关作出的罚款处罚，如果当事人确有经济困难，经当事人申请，行政机关可以批准暂缓或分期缴纳。（　　）

459. 人民检察院是监察机关的重要组成部分，承担部分行政监察职责。（　　）

460. 监察机关派出的监察机构或者监察人员，对监察机关和派驻单位共同负责并报告工作。（　　）

461. 公民、法人或者其他组织不服行政机关对民事纠纷作出的调解或者其他处理的，可以依法申请行政复议。（　　）

462. 申请人就同一事项向两个或者两个以上有权受理的行政机关申请行政复议的，由最先收到行政复议申请的行政机关受理。（　　）

463. 行政复议机关无正当理由不予受理行政复议申请的，上级行政机关应当直接受理，认为行政复议申请不符合法定受理条件的，应当决定不予受理。（　　）

464. 行政复议机关可以按照自愿、合法的原则对涉及到行政机关行使法律、法规规定的自由裁量权的行政复议案件进行调解。（　　）

465. 在行政复议中，被申请人不得自行向申请人收集证据，但可以向其他有关组织或者个人收集证据。（　　）

466. 行政复议机关在申请人的行政复议请求范围内，不得作出对申请人更为不利的行政复议决定。（　　）

467. 行政复议机关作出行政复议决定，应当制作行政复议决定书，并加盖印章。行政复议决定书一经作出，即发生法律效力。（　　）

468. 被申请人不履行或者无正当理由拖延履行行政复议决定的，行政复议机关应当申请人民法院强制执行。（　　）

469. 对维持具体行政行为的行政复议决定，申请人逾期不起诉又不履行行政复议决定的，由行政复议机关依法强制执行。（　　）

470. 根据修改后的《行政诉讼法》，被诉行政机

关负责人应当出庭应诉。不能出庭的，应当委托行政机关相应的工作人员出庭。（　　）

471. 在行政诉讼中，原告和被告的法律地位平等。（　　）

472. 人民法院在审理行政案件中，经审查认为被诉行政行为所依据的规范性文件不合法的，可以裁定撤销该规范性文件。（　　）

473. 人民法院应当公开发生法律效力的判决书、裁定书，供公众查阅，但涉及国家秘密、商业秘密和个人隐私的内容除外。（　　）

474. 复议机关与作出原行政行为的行政机关为共同被告的案件，人民法院应当对复议决定和原行政行为一并作出裁判。（　　）

475. 在行政诉讼中，人民法院审理上诉案件，应当对原审人民法院的判决、裁定和被诉行政行为进行全面审查。（　　）

476. 人民法院审理行政案件，应当收取诉讼费用。诉讼费用由败诉方承担，双方都有责任的由被告承担。（　　）

477. 行政事业性收费的项目、依据、标准，属于应当主动公开的政府信息。（　　）

478. 行政机关对涉及商业秘密和个人隐私的政府信息，一律不得公开。（　　）

479. 行政机关应当及时向国家档案馆、公共图书馆提供主动公开的政府信息。（　　）

480. 属于主动公开范围的政府信息的法定公开时限是 30 个工作日。（　　）

481. 申请公开的政府信息中，含有不应当公开的内容，则该政府信息全部内容不得公开。（　　）

482. 申请公开的政府信息涉及第三方权益的，行政机关征求第三方意见所需时间不计算在《政府信息公开条例》规定的期限内。（　　）

483. 公民、法人或者其他组织有证据证明行政机关提供的与其自身相关的政府信息记录不准确的，有权要求该行政机关予以更正。（　　）

484. 依申请公开的政府信息，行政机关无法按照申请人要求的形式提供的，可以不予提供。（　　）

485. 行政机关依申请提供政府信息，可以收取一定的检索、复制、邮寄等成本费用。（　　）

（五）简答（共 70 题）

486. 简述法的特征。

487. 简述行政执法的特征。

488. 简述法律制裁与法律责任的关系。

489. 简述法律监督的构成要素。

490. 简述法律部门与法律体系的关系。

491. 简述 2004 年宪法修正案中关于社会主义市场经济体制的主要内容。

492. 简述我国的国体。

493. 简述我国的政体。

494. 请简要论述人民代表大会制度的基本特点。

495. 简述法律规范的适用规则。

496. 简述不相隶属的法律规范冲突的裁决机制。

497. 简述《公务员法》规定公务员应当履行哪些义务。

498. 简述《国家赔偿法》规定的国家赔偿方式。

499. 简述侵犯公民生命健康权的国家赔偿金计算标准。

500. 简述财政部门支付国家赔偿费用的程序。

501. 简述预算法规定的全国人民代表大会常务委员会的预算管理职权。

502. 简述预算法规定的国务院的预算管理职权。

503. 简述预算法规定的地方各级财政部门的预算管理职权。

504. 简述预算法规定的各级预算的编制依据。

505. 简述预算法规定的各级人民代表大会对预算

草案及其报告、预算执行情况的报告的重点审查内容。

506. 简述预算年度开始后，各级预算草案在本级人民代表大会批准前可以安排的支出。

507. 简述在预算执行中应当进行预算调整的具体情形。

508. 简述预算法规定的县级以上人民代表大会常务委员会对本级决算草案的重点审查内容。

509. 简述《政府采购法》规定的可以采用单一来源方式采购的情形。

510. 简述《政府采购法》规定的招标采购中应予废标的情形。

511. 简述政府采购活动中，采购人员及相关人员与供应商存在哪些关系时应当回避。

512. 简述《政府采购法实施条例》规定的采购人或者采购代理机构以不合理的条件对供应商实行差别待遇或者歧视待遇的情形。

513. 简述《政府采购法实施条例》规定的采购人或者采购代理机构在公告中标、成交结果时的公告要求。

514. 简述增值税的纳税期限。

515. 简述消费税的纳税环节如何确定。

516. 简述特殊进口货物完税价格的确定方式。

517. 简述《企业所得税法》及《企业所得税法实施条例》对企业所得来源地的确定原则。

518. 简述在计算企业所得税应纳税额时如何进行境外所得税收抵免。

519. 简述计算个人所得税应纳税额时适用附加减除费用的情形、适用范围和减除费用标准。

520. 简述税务机关在税款征收中采取的纳税担保和税收保全措施。

521. 简述行政事业性收费的审批管理权限。

522. 简述权责发生制和收付实现制的主要区别。

523. 简述企业会计核算中的可比性原则。

524. 简述财政部门实施会计监督的主要内容。

525. 简述会计法对会计人员法律保护的主要内容。

526. 简述注册会计师执业应当遵守的规则。

527. 简述会计师事务所违反《注册会计师法》应当承担的法律责任。

528. 注册会计师协会的职责包括哪些？

529. 简述《行政单位财务规则》规定的行政单位财务管理的主要任务。

530. 简述《事业单位财务规则》中专用基金的分类。

531. 简述行政单位国有资产处置的原则和可处置资产的范围。

532. 简述事业单位国有资产产权纠纷处理的

方式。

533. 简述各级财政部门在行政单位国有资产管理中的主要职责。

534. 为避免重复检查、调查，财政违法行为各执法主体之间应当如何加强配合。

535. 简述《财政违法行为处罚处分条例》规定的国家机关及其工作人员违反规定使用、骗取财政资金的行为及其相应法律责任。

536. 简述行政许可的特征。

537. 简述行政机关如何处理申请人提出的行政许可申请。

538. 简述可以撤销行政许可的情形。

539. 简述《行政处罚法》规定的行政处罚的种类。

540. 简述违法行为应受行政处罚的构成要件。

541. 简述行政处罚中不予处罚的法定情形。

542. 简述行政处罚简易程序的适用条件。

543. 根据《行政处罚法》的规定，简述当事人逾期不履行行政处罚决定时，行政机关可以采取的强制执行措施。

544. 请简要论述行政监察的原则。

545. 简述行政复议机关履行行政复议职责应当遵循的原则。

546. 简述行政复议机构在办理行政复议事项时的主要职责。

547. 简述行政复议机关收到行政复议申请后应当如何处理。

548. 简述行政复议申请的受理条件。

549. 简述修改后的《行政诉讼法》规定的行政诉讼受案范围。

550. 根据修改后的《行政诉讼法》，简述人民法院对公民、法人或者其他组织对哪些事项提起的诉讼不予受理。

551. 简述在行政诉讼案件中如何确定被告。

552. 根据修改后的《行政诉讼法》，简述行政机关拒绝履行行政判决、裁定、调解书，第一审人民法院可以采取的措施。

553. 简述政府信息公开机构的具体职责。

554. 简述政府信息的特征。

555. 简述政府信息公开的作用。

二、验收试题参考答案

（一） 名词解释

1. 法，是指由国家制定或认可、规定人们的权利和义务、带有强制性的行为规则。（《读本》第 1 页）

2. 法律概念，是指对各种法律事实进行概括，抽象出它们的共同特征而形成的权威性范畴。法律概念虽不规定具体的事实状态和具体的法律后果，但每一法律概念一般都有确切的法律意义和应用范围。（《读本》第 2 页）

3. 法律原则，是指作为法律规范基础的综合性、稳定性的原理和准则。它不预先设定任何确定的、具体的事实状态，不规定具体的权利义务，也不规定确定的法律后果，但它指导和协调着全部社会关系或某

一领域社会关系的法律调整机制。(《读本》第 3 页)

4. 法律体系，是指一个国家现行的全部法律规范，按照不同的法律部门分类组合而形成的一个呈体系化的有机联系的统一整体。(《读本》第 19 页)

5. 法律部门，通常又称为部门法，是指根据一定的标准和原则，按照法律规范的自身特点、所调整的社会关系和调整方法等所划分的同类法律规范的总和。(《读本》第 20 页)

6. 人民民主专政制度，是以中国共产党为领导核心，工人阶级及广大劳动人民掌握政权，对极少数敌对分子实行专政的国家政权制度。(《读本》第 32 页)

7. 人民代表大会制度，是指以人民代表大会为核心的国家政权组织形式，其主要内容包括人民代表大会产生、组织、职权和行使职权的各项制度，以及关于人民代表大会与国家行政机关、审判机关、检察机关等其他国家机关关系的各项制度。(《读本》第 33 页)

8. 民族区域自治是在国家统一领导下，各少数民族聚居的地方实行区域自治，设立自治机关，行使自治权。(《读本》第 35 页)

9. 规范性文件清理，是指规范性文件的制定机关对现行规范性文件进行收集、整理、分类及分析，根据具体情况和工作实际，确定规范性文件的有效性，对需要废止、修改或补充的规范性文件提出处理意见，并将清理结果向社会公开公布的活动的总称。（《读本》第55页）

10. 法律编纂，是指国家立法机关将属于某一法律部门所有现行的法律、法规和规章进行清理、补充和修改，创制新的规范，修改不适合的规范，废除过时的规范，在此基础上编制新的系统化的法律或法典的活动。（《读本》第55页）

11. 公务员是指依法履行公职、纳入国家行政编制、由国家财政负担工资福利的工作人员。（《读本》第58页）

12. 国家赔偿费用是指依照国家赔偿法的规定，应当向赔偿请求人赔偿的费用。（《读本》第93页，《国家赔偿费用管理条例》第2条）

13. 依法行政，是指行政机关根据法律法规的规定取得、行使行政权力，并对行政行为的后果承担相应的责任。（《读本》第101页）

14. 依法理财，是指依照宪法、法律和行政法规等规定，综合运用法律手段、经济手段和行政手段管理国家财政，实现财政管理的法治化、规范化和制度化。（《读本》第108页）

15. 预算，即国家预算，是指由政府编制，经过

国家权力机关按一定的法律程序审查批准并产生法律效力的国家年度收支计划。(《读本》第115页)

16. 一般公共预算，是指对以税收为主体的财政收入，安排用于保障和改善民生、推动经济社会发展、维护国家安全、维持国家机构正常运转等方面的收支预算。(《预算法》第6条)

17. 政府性基金预算，是指对依照法律、行政法规的规定在一定期限内向特定对象征收、收取或者以其他方式筹集的资金，专项用于特定公共事业发展的收支预算。(《预算法》第9条)

18. 国有资本经营预算，是指对国有资本收益作出支出安排的收支预算。(《预算法》第10条)

19. 社会保险基金预算，是指对社会保险缴款、一般公共预算安排和其他方式筹集的资金，专项用于社会保险的收支预算。(《预算法》第11条)

20. 预备费，是指各级一般公共预算按照本级一般公共预算支出额的一定比例设置的，用于当年预算执行中的自然灾害等突发事件处理增加的支出及其他难以预见的开支的资金。(《预算法》第40条)

21. 预算周转金，是指各级一般公共预算按照国务院的规定设置的，用于本级政府调剂预算年度内季节性收支差额的资金。(《预算法》第41条)

22. 财政专户，是指对于法律有明确规定或者经

国务院批准的特定专用资金，依照国务院的规定在银行业金融机构开设的资金账户。（《预算法》第56条）

23. 决算，是指经法定程序审查和批准的预算年度执行结果。（《读本》第123页）

24. 政府采购，是指各级国家机关、事业单位和团体组织，使用财政性资金采购依法制定的集中采购目录以内的或者采购限额标准以上的货物、工程和服务的行为。（《政府采购法》第2条，《读本》第143页）

25. 政府采购当事人，是指在政府采购活动中享有权利和承担义务的各类主体，包括采购人、供应商和采购代理机构等。（《政府采购法》第14条，《读本》第148页）

26. 集中采购，是指采购人将列入集中采购目录的项目委托集中采购机构代理采购或者进行部门集中采购的行为。（《政府采购法实施条例》第4条）

27. 分散采购，是指采购人将采购限额标准以上的未列入集中采购目录的项目自行采购或者委托采购代理机构采购的行为。（《政府采购法实施条例》第4条）

28. 询价采购，是指询价小组向符合资格条件的供应商发出采购货物询价通知书，要求供应商一次报出不得更改的价格，采购人从询价小组提出的成交候选人中确定成交供应商的采购方式。（《政府采购非招标采购方式管理办法》第 2 条）

29. 销项税额，是指纳税人销售货物或者应税劳务，按照销售额和适用税率计算并向购买方收取的增值税额。（《读本》第 167 页）

30. 消费税的纳税义务人，是指在中华人民共和国境内生产、委托加工、进口和销售应税消费品的单位和个人。（《读本》第 170 页，《消费税暂行条例》第 1 条）

31. 企业所得税非居民企业，是指依照外国（地区）法律成立且实际管理机构不在中国境内，但在中国境内设立机构、场所的，或者在中国境内未设立机构、场所，但有来源于中国境内所得的企业。（《读本》第 179 页）

32. 企业所得税应纳税所得额，是指企业每一纳税年度的收入总额，减除不征税收入、免税收入、各项扣除以及允许弥补的以前年度亏损后的余额。（《读本》第 180 页）

33. 个人所得税纳税人，是指在中国境内有住所，或者无住所而在境内居住满一年，从中国境内和境外取得所得的个人，以及在中国境内无住所又不居住或者无住所而在境内居住不满一年，从中国境内取

得所得的个人。(《读本》第 186 页)

34. 契税纳税人，是指在我国境内转移土地、房屋权属过程中，承受土地使用权或房屋所有权的单位和个人。(《读本》第 194 页)

35. 扣缴义务人，是指法律、行政法规规定负有代扣代缴、代收代缴税款义务的单位和个人。

36. 发票，是指在购销商品、提供或者接受服务以及从事其他经营活动中，开具、收取的收付款凭证。(《发票管理办法》第 3 条)

37. 行政事业性收费，是指国家机关、事业单位、代行政府职能的社会团体及其他组织，根据法律、行政法规、地方性法规等有关规定，按照规定程序批准，在向公民、法人和其他组织提供特定公共服务的过程中，按照成本补偿和非盈利原则向特定服务对象收取的费用。(《读本》第 216 ~ 217 页)

38. 彩票，是指国家为筹集社会公益资金，促进社会公益事业发展而特许发行、依法销售，自然人自愿购买，并按照特定规则获得中奖机会的凭证。(《读本》第 223 页，《彩票管理条例》第 2 条)

39. 会计凭证，是指记录经济业务事项发生和完成情况，明确经济责任，并作为记账依据的书面证明，是进行会计核算的重要会计资料。(《读本》第 237 页)

40. 会计账簿是由一定格式、相互联系的账页组成，用来序时、分类地全面记录和反映一个单位经济业务事项的簿籍，是会计资料的重要组成部分，是编制财务会计报告，检查分析单位经济活动的重要依据。（《读本》第 238 页）

41. 财务会计报告，是指单位对外提供的反映单位某一特定日期财务状况和某一会计期间经营成果、现金流量等会计信息的文件。（《读本》第 239 页）

42. 注册会计师，是指依法取得注册会计师证书并接受委托从事审计和会计咨询、会计服务业务的执业人员。（《读本》第 253 页，《注册会计师法》第 2条）

43. 会计师事务所，是指依法设立并承办注册会计师业务的机构。（《读本》第 259 页）

44. 企业国有资产，是指国家对企业各种形式的出资所形成的权益。（《读本》第 296 页，《企业国有资产法》第 2 条）

45. 行政单位国有资产，是指行政单位占有、使用的，依法确认为国家所有，能以货币计量的各种经济资源的总称，即行政单位的国有公共财产。（《读本》第 312 页）

46. 事业单位国有资产，是指事业单位占有、使用的，依法确认为国家所有，能以货币计量的各种经

济资源的总称，主要表现为流动资产、固定资产、无形资产和对外投资等。(《读本》第319页)

47. 事业单位国有资产处置，是指事业单位对其占有、使用的国有资产进行产权转让或者注销产权的行为，包括出售、出让、转让、对外捐赠、报废、报损以及货币性资产损失核销等。(《读本》第322页)

48. 财政监督检查案件移送，是指县级以上人民政府财政部门和省级以上人民政府财政部门的派出机构在履行财政监督检查职责时，对属于其他部门职权范围的案件和其他事项，依法依纪移送其他机关处理的行为。(《读本》第329页，《财政监督检查案件移送办法》第2条)

49. 财政检查，是指财政部门为履行财政监督职责，纠正财政违法行为，维护国家财政经济秩序，对单位和个人执行财税法规情况以及财政、财务、会计等管理事项进行检查的活动。(《读本》第348页)

50. 行政许可，是指行政机关根据公民、法人或者其他组织的申请，经依法审查，准予其从事特定活动的行为。(《读本》第352页，《行政许可法》第2条)

51. 行政强制措施，是指行政机关在行政管理过程中，为制止违法行为、防止证据损毁、避免危害发生、控制危险扩大等情形，依法对公民的人身自由实

施暂时性限制，或者对公民、法人或者其他组织的财物实施暂时性控制的行为。（《行政强制法》第2条）

52. 行政强制执行，是指行政机关或者行政机关申请人民法院，对不履行行政决定的公民、法人或者其他组织，依法强制履行义务的行为。（《行政强制法》第2条）

53. 信赖保护原则，是指行政相对人对行政权力的正当合理信赖应当予以保护，行政机关不得擅自改变已经生效的行政行为，确需改变的，对于由此给行政相对人造成的损失应当给予补偿。（《读本》第354页）

54. 行政许可的撤销，是指已经生效的行政许可，因其违法或不当，由有权机关依法对其撤销，否定其效力的行为，分为可以撤销和应当撤销两种。（《读本》第365页）

55. 行政处罚，是指具有行政处罚权的行政主体为有效实施行政管理，维护公共利益和社会秩序，保护公民、法人或者其他组织的合法权益，对违反行政法律规范、依法应予处罚的行政相对人所实施的一种法律制裁行为。（《读本》第374页）

56. 行政处罚过罚相当原则，是指设定和实施行政处罚必须以事实为依据，没有违法事实或违法事实不清的，不得予以处罚。同时，设定和实施行政处罚

必须与违法行为的事实、性质、情节以及社会危害程度相当。(《读本》第 374 ~ 375 页)

57. 行政监察，是指国家各级行政监察机关依法对国家行政机关及其公务员和国家行政机关任命的其他人员实施监察，并对监察对象的违法行为依法作出处理的行政行为。(《读本》第 388 页)

58. 行政复议，是指公民、法人或者其他组织认为行政机关的具体行政行为侵犯其合法权益，依法向行政机关提出申请，由受理申请的行政机关对原具体行政行为依法进行审查并作出行政复议决定的活动。(《读本》第 395 页)

59. 行政复议申请人，是指因不服行政机关的具体行政行为，依法以自己的名义向行政复议机关申请行政复议的公民、法人或者其他组织。(《读本》第 400 页)

60. 行政复议第三人，是指同被申请行政复议的具体行政行为有利害关系，由行政复议机构通知或者向行政复议机构申请，作为行政复议申请人和被申请人之外的行政复议参加人。(《读本》第 401 页)

61. 行政复议审理，是指行政复议机关对所受理的行政复议案件所涉及的具体行政行为认定事实是否清楚、运用法律是否正确、程序是否合法等进行的审查活动。(《读本》第 404 页)

62. 行政诉讼，是指人民法院根据公民、法人或者其他组织的请求，通过法定程序对行政行为进行审查，解决特定范围内行政争议的活动。（《读本》第416页）

63. 行政诉讼审理程序，是指人民法院审理行政案件必须遵循的时限、步骤、方式和方法，分为第一审程序、第二审程序和再审程序。（《读本》第422页）

64. 行政诉讼受理，是指人民法院对公民、法人或其他组织的起诉进行审查，对符合法律规定的起诉条件的案件决定立案审理的诉讼行为。（《读本》第422页）

65. 政府信息，是指行政机关在履行职责过程中制作或者获取的，以一定形式记录、保存的信息。（《读本》第430页）

（二）填　　空

66. 法律规范，法律概念，法律原则（《读本》第2页）

67. 法定职权，法定程序（《读本》第11页）

68. 刑事责任、民事责任（《读本》第13页）

69. 中国特色社会主义法治体系，社会主义法治国家（《中共中央关于全面推进依法治国若干重大问题的决定》第一部分第七段）

70. 法治实施，法治监督，法治保障（《中共中央关于全面推进依法治国若干重大问题的决定》第一部分第七段）

71. 立法，立法，立法质量（《中共中央关于全面推进依法治国若干重大问题的决定》第二部分第一段）

72. 1999（《读本》第 31 页）

73. 经济发展水平（《读本》第 42 页，《宪法》第 14 条）

74. 工作责任制，考核（《宪法》第 27 条）

75. 依照法律被剥夺政治权利的人（《读本》第 40 页，《宪法》第 34 条）

76. 社会保险，社会救济，医疗卫生（《读本》第 41 页，《宪法》第 45 条）

77. 财政收支，财务收支（《读本》第 45 页，《宪法》第 91 条）

78. 12，4（全国人大常委会《关于设立国家宪法日的决定》）

79. 国务院常务会议（《行政法规制定程序条例》第 26 条，《读本》第 51 页）

80. 国务院（《行政法规制定程序条例》第31条，《读本》第51页）

81. 主办（《规章制定程序条例》第30条，《读本》第53页）

82. 30（《规章制定程序条例》第34条，《读本》第57页）

83. 全国人民代表大会，全国人民代表大会常务委员会（《立法法》第91条）

84. 任职前公示（《公务员法》第46条，《读本》第64页）

85. 2（《国家赔偿法》第13条第1款，《读本》第87页）

86. 支付赔偿金（《国家赔偿法》第32条，《读本》第89页）

87. 20（《国家赔偿法》第34条第1款，《读本》第91页）

88. 精神损害抚慰金（《国家赔偿法》第35条，《读本》第91页）

89. 财政预算，财政部门（《国家赔偿法》第37条第1款，《国家赔偿费用管理条例》第4条第1款，《读本》第93页、第96页）

90. 复议决定书，赔偿决定书（《国家赔偿法》第37条第2款，《读本》第95页）

121. 货物、非增值税应税劳务（《增值税暂行条例实施细则》第 5 条，《读本》第 166 页）

122. 货物、应税劳务（《增值税暂行条例》第 5 条，《读本》第 167 页）

123. 销售额、销售数量（《消费税暂行条例》第 5 条，《读本》第 172 页）

124. 60%，5‰（《企业所得税法实施条例》第 43 条，《读本》第 181 页）

125. 可比非受控价格法、再销售价格法（《企业所得税法实施条例》第 111 条，《读本》184 页）

126. 地方分享（《企业所得税法》第 29 条，《读本》第 185 页）

127. 3500、3%、45%（《个人所得税法》第 3 条、第 6 条，《读本》第 186、187 页）

128. 应纳税所得额、速算扣除数《读本》第 187 页）

129. 20%（《烟叶税暂行条例》第 4 条，《读本》第 189 页）

130. 销售额、销售数量（《资源税暂行条例》第 4 条，《读本》第 189 页）

131. 比例，定额（《印花税暂行条例》第 3 条，《读本》第 195 页）

132. 所有人、管理人（《车船税法》第 1 条，

《读本》第 196 页）

133. 法律，行政法规（《税收征收管理法》第 4 条）

134. 纳税人，扣缴义务人（《税收征收管理法》第 25 条，《读本》第 206 页）

135. 维持生活必需（《税收征收管理法》第 42 条）

136. 彩票奖金；彩票公益金（《彩票管理条例》第 28 条，《读本》第 225 页）

137. 凭证领购（《财政票据管理办法》第 19 条）

138. 实际发生的经济业务事项（《读本》第 235 页，《会计法》第 9 条）

139. 国家统一的会计制度（《读本》第 236 页，《会计法》第 13 条）

140. 资产负债表，利润表（《读本》第 239 页）

141. 资产，负债，所有者权益（《读本》第 241 页）

142. 会计从业资格（《读本》第 247 页）

143. 单位负责人（《读本》第 248 页）

144. 会计凭证，会计账簿（《读本》第 249 页）

145. 学分制（《会计从业资格管理办法》第 16 条）

146. 无限，无限连带（《读本》第 259 页）

147. 省、自治区、直辖市人民政府财政部门（《注册会计师法》第 25 条，根据 2014 年 8 月 31 日中华人民共和国主席令第十四号《全国人民代表大会常务委员会关于修改〈中华人民共和国保险法〉等五部法律的决定》修正）

148. 职业风险基金（《读本》第 263 页）

149. 财政部（《读本》第 263 页）

150. 基本医疗、基本养老（《企业财务通则》第 43 条）

151. 银行卡、代理（《读本》第 279 页）

152. 基本、项目（《行政单位财务规则》第 18 条）

153. 在建工程、无形资产、对外投资（《事业单位财务规则》第 36 条）

154. 统一所有，分级监管（《读本》第 313 页）

155. 调剂使用（《读本》第 316 页）

156. 国家拨给事业单位的资产，接受捐赠（《读本》第 319 页）

157. 出让，报废（《读本》第 322 页）

158. 国务院（《企业国有资产法》第 3 条）

159. 可行性研究，合理对价（《企业国有资产法》第 36 条）

160. 评估，本级人民政府（《企业国有资产法》

第 55 条）

161. 资产配置，资产处置，产权界定（《行政单位国有资产管理暂行办法》第 5 条）

162. 监察机关，具有人事管理权限的任免机关（《财政监督检查案件移送办法》第 6 条，《读本》第 329 页）

163. 调整有关会计账目，30，50000（《财政违法行为处罚处分条例》第 13 条，《读本》第 343 ~ 344 页）

164. 警告，记过，记大过，降级，撤职（《财政违法行为处罚处分条例》第 21 条，《读本》第 345 页）

165. 回避，要求检查人员回避（《财政检查工作办法》第 10 条。《读本》第 349 页）

166. 收缴国库（《财政违法行为处罚处分条例》第 25 条）

167. 权限，条件，程序（《行政许可法》第 4 条，《读本》第 353 页）

168. 合法原则，便民原则（《读本》第 353 页）

169. 变更，撤回（行政许可法第 8 条，《读本》第 354 页）

170. 实施机关、期限（《行政许可法》第 18 条）

171. 全国（《行政许可法》第 41 条）

172. 30，60（《行政许可法》第42条，《读本》361页）

173. 10（《行政许可法》第44条，《读本》第361页）

174. 5，20（《行政许可法》第47条，《读本》第361页）

175. 事实，法律（《读本》第374页）

176. 行为，种类，幅度（《行政处罚法》第11条，《读本》第376页）

177. 警告，一定数量罚款（《行政处罚法》第12条，《读本》第376页）

178. 事实，理由，依据（《行政处罚法》第31条，《读本》第381页）

179. 7，民事诉讼法（《行政处罚法》第40条，《读本》第381页）

180. 3，7（《行政处罚法》第42条，《读本》第382页）

181. 5000，5万（《财政机关行政处罚听证实施办法》第6条，《读本》第382页）

182. 限制公民人身自，扣押财物（《行政强制法》第9条）

183. 国务院监察机关（《读本》第389页，《行政监察法》第7条）

184. 监察决定，监察建议（《读本》第 392 页，《行政监察法》第 25 条）

185. 法制工作（《行政复议法》第 3 条，《读本》第 398 页）

186. 该部门的本级人民政府，上一级主管部门，上一级主管部门（《行政复议法》第 12 条，《读本》第 398 页）

187. 10，其共同上一级行政机关（《行政复议法实施条例》第 30 条，《读本》第 399 页）

188. 批准机关（《行政复议法实施条例》第 14 条，《读本》第 401 页）

189. 行政机关（《行政复议法实施条例》第 14 条，《读本》第 401 页）

190. 变更被申请人（《行政复议法实施条例》第 22 条，《读本》第 402 页）

191. 行政复议意见书，行政复议建议书（《行政复议法实施条例》第 57 条，《读本》第 408 页）

192. 行政行为（修改后《行政诉讼法》第 2 条第 1 款）

193. 证据，规范性文件（修改后《行政诉讼法》第 34 条第 1 款）

194. 6 个月（修改后《行政诉讼法》第 46 条第 1 款）

195. 2 个月（修改后《行政诉讼法》第 47 条第 1 款）

196. 15（修改后《行政诉讼法》第 67 条第 1 款）

197. 第一审，行政机关（修改后《行政诉讼法》第 95 条）

198. 公正，公平，便民（《政府信息公开条例》第 5 条，《读本》第 431 页）

199. 有关主管部门，同级保密工作部门（《政府信息公开条例》第 14 条，《读本》第 433 页）

200. 制作，保存（《政府信息公开条例》第 17 条，《读本》第 434 页）

201. 生产，生活（《政府信息公开条例》第 13 条，《读本》第 435 页）

202. 15，15（《政府信息公开条例》第 24 条，《读本》第 436 页）

203. 工作考核，责任追究（《政府信息公开条例》第 29 条，《读本》第 437 页）

（三）选择题

204. ABCD。（《读本》第 1～2 页）

205. B。(《读本》第2页)

206. ABC。(《读本》第7页)

207. ABCD。(《读本》第8～9页)

208. BCD。(《读本》第9页)

209. ABC。(《读本》第13页)

210. AC。(《读本》第30页,《宪法》第89条)

211. ACD。(《读本》第36页,《宪法》第117条、119条)

212. ACD。(《读本》第38页,《宪法》第67条)

213. ABC。(《读本》第40～41页,《宪法》第43条、45条、48条)

214. ACD。(《读本》第41页,《宪法》第53、54、56条)

215. ABCD。(《立法法》第12条,《读本》第49页)

216. ABD。(《立法法》第8、56条)

217. ACD。(《立法法》第71条)

218. C。(《立法法》第86条)

219. ABD。(《读本》第58页)

220. ABC。(《读本》第70页)

221. ABCD。(《国家赔偿法》第3条,《读本》第81～82页)

222. ACD。（《国家赔偿法》第 19 条，《读本》第 82 ~ 84 页）

223. ABCD。（《国家赔偿法》第 32 条、第 35 条，《读本》第 89 ~ 90 页）

224. D。（《国家赔偿法》第 34 条第 1 款，《读本》第 91 页）

225. ABCD。（《读本》第 93 页）

226. ABCD。（《读本》第 104 页）

227. ABCD。（《读本》第 105 ~ 106 页）

228. ABC。（《读本》第 111 ~ 112 页）

229. ABCD。（《中共中央关于全面推进依法治国若干重大问题的决定》第一、二部分）

230. ABCD。（《预算法》第 12 条、32 条、57 条 3 款、79 条（二）项）

231. AC。（《预算法》第 16 条）

232. ABC。（《预算法》第 16 条）

233. AD。（《预算法》第 20、21、22、24、25 条）

234. ABC。（《预算法》第 27 条）

235. BCD。（《预算法》第 34 条）

236. ABD。（《预算法》第 35 条）

237. ABC。（《预算法》第 46 条）

238. ABCD。（《预算法》第 16、38 条）

239. C。(《预算法》第41条)

240. ABCD。(《预算法》第48条)

241. AB。(《预算法》第55、56条)

242. ABCD。(《预算法》第61条、59条1款、4款)

243. BC。(《预算法》第66条第1款)

244. ABC。(《预算法》第66条第3款)

245. ABCD。(《预算法》第67条)

246. ABC。(《预算法》第75、77条)

247. ABCD。(《预算法》第84条、85条、89条第2款、91条)

248. ABCD。(《预算法》第93、94条)

249. ABCD。(《政府采购法》第3条,《读本》第144~145页)

250. ABD。(《政府采购法》第10条,《读本》第145页)

251. ABC。(《政府采购法》第22条,《读本》第149页)

252. ACD。(《政府采购法》第26条,《政府采购竞争性磋商采购方式管理暂行办法》,《读本》第150页)

253. ACD。(《政府采购法》第30条,《读本》第151页,第251题)

254. ABC。(《政府采购法》第 59 条,《读本》第 161 页)

255. AC。(《政府采购非招标采购方式管理办法》第 31、32、34 条)

256. B。(《政府采购非招标采购方式管理办法》第 44、46、47、50 条)

257. ABCD。(《政府采购法实施条例》第 6 条)

258. ABCD。(《政府采购法实施条例》第 74 条)

259. ABCD。(《读本》第 166 页)

260. AB。(《读本》第 168 页)

261. ABC。(《读本》第 170~171 页)

262. ABC。(《读本》第 177 页)

263. AC。(《读本》第 180 页)

264. CD。(《读本》第 181、182 页)

265. BC。(《读本》第 185 页)

266. AB。(《读本》第 186 页、第 187 页)

267. ACD。(《读本》第 190 页)

268. ABCD。(《读本》第 192 页)

269. ABD。(《读本》202 页)

270. A。(《读本》第 205~206 页)

271. ABD。(《税收征收管理法》第 15 条、第 68 条,《读本》第 206、208、213 页)

272. AD。(《读本》第 214 页)

273. ABCD。(《读本》第 223 页)

274. A。(《读本》第 223 页)

275. ABCD。(《读本》第 227、228 页)

276. D。(《读本》第 235 页)

277. BCD。(2012～2014 年修订的有关会计的财政部门规章)

278. ABC。(《读本》第 239 页)

279. ABCD。(《读本》第 241 页)

280. ABC。(《读本》第 245 页)

281. ABCD。(《读本》第 247 页)

282. D。(《读本》第 251 页)

283. ABC。(《读本》第 258 页)

284. AB。

285. D。(《读本》第 254～255 页,《注册会计师法》第 9 条)

286. ABCD。(《读本》第 258 页,《注册会计师法》第 21 条)

287. C。(《读本》第 259 页)

288. BC。(《读本》第 261 页)

289. A。(《行政单位财务规则》第 15 条)

290. AB。(《行政单位财务规则》第 29 条、第 30 条)

291. ABCD。(《事业单位财务规则》第 43 条、

第 44 条）

292. ABCD。（《事业单位财务规则》第 15 条）

293. ABCD。（《事业单位国有资产管理暂行办法》第 12 条）

294. ABCD。（《读本》第 298 页，《企业国有资产法》第 14 条、15 条）

295. ABC。（《读本》第 301～302 页）

296. ABC。（《企业国有资产法》第 39 条）

297. ABCD。（《企业国有资产法》第 47 条）

298. ABCD。（《读本》第 314 页）

299. ACD。（《财政违法行为处罚处分条例》第 2 条，《读本》第 326 页）

300. ABC。（《财政违法行为处罚处分条例》第 3、6 条，《读本》第 331 页）

301. C。（《财政违法行为处罚处分条例》第 10 条，《读本》第 340 页）

302. ABD。（《财政违法行为处罚处分条例》第 22 条，《读本》第 346 页）

303. AC。（《财政违法行为处罚处分条例》第 23 条，《读本》第 346 页）

304. BCD。（《财政部门监督办法》第 17 条，《读本》第 345～347 页）

305. ABD。（《行政许可法》第 12、13 条，《读

本》第 355 页)

306. AB。(《行政许可法》第 14、15、16、17
条,《读本》第 357 页)

307. AC。(《行政许可法》第 22、23、24 条,
《读本》第 358 ~ 359 页)

308. B。(《行政许可法》第 32 条、38 条、47
条,《读本》第 360 ~ 362 页)

309. ABC。(《行政许可法》第 50 条,《读本》
第 362 页)

310. B。(《行政许可法》第 69 条,《读本》第
365 页)

311. ACD。(《行政许可法》第 69、70 条,《读
本》第 365 页)

312. A。(《行政处罚法》第 8 条,《读本》第
375 页)

313. AB。(《行政处罚法》第 9、10、11、13
条,《读本》第 376 页)

314. B。(《行政处罚法》第 16 条,《读本》第
377 页)

315. D。(《读本》第 378 页)

316. B。(《行政处罚法》第 29 条,《读本》第
379 页)

317. ABC。(《行政处罚法》第 42 条,《读本》

第 382 页）

318. C。（《行政处罚法》第 50 条，《读本》第 383 页）

319. ABCD。（《行政强制法》第 12 条）

320. ABCD。（《读本》第 389～391 页，《行政监察法》第 16 条）

321. ABCD。（《读本》第 390 页，《行政监察法》第 18 条）

322. ABC。（《读本》第 390 页，《行政监察法》第 19 条）

323. ACD。（《读本》第 390 页，《行政监察法》第 20 条）

324. ACD。（《行政复议法》第 6 条、第 8 条，《读本》第 396～397 页）

325. CD。（《行政复议法》第 7 条，《读本》第 397 页）

326. ABCD。（《行政复议法》第 15 条，《读本》第 399 页）

327. C。（《行政复议法》第 9 条，《读本》第 403 页）

328. B。（《行政复议法》第 17 条，《读本》第 404 页）

329. AB。（《行政复议法》第 22 条，《行政复议

法实施条例》第 37、39、41 条，《读本》第 404 ~
406 页）

330. ABCD。（《行政复议法》第 28 条第 1 款，
《读本》第 405、407 页）

331. ABC。（修改后的《行政诉讼法》第 12、13
条）

332. ABCD。（修改后的《行政诉讼法》第 15
条）

333. ABCD。（修改后的《行政诉讼法》第 18 ~
21 条）

334. ABC。（修改后的《行政诉讼法》第 43 条
第 1 款）

335. ACD。（修改后的《行政诉讼法》第 34 ~
37 条）

336. BD。（修改后的《行政诉讼法》第 53 条）

337. ABCD。（修改后的《行政诉讼法》第 56
条）

338. ABD。（修改后的《行政诉讼法》第 60 条
第 1 款）

339. ABCD。（《政府信息公开条例》第 9 条，
《读本》第 432 页）

340. ABCD。（《政府信息公开条例》第 8 条、第
14 条，《读本》第 433 页）

341. ABCD。(《政府信息公开条例》第 15 条,《读本》第 434 页)

342. ABCD。(《政府信息公开条例》第 20 条,《读本》第 436 页)

343. ABC。(《政府信息公开条例》第 21 条,《读本》第 436 页)

(四) 判断题

344. 对。(《读本》第 2 页)

345. 对。(《读本》第 7 页)

346. 对。(《读本》第 9 页)

347. 对。中华人民共和国的一切权力属于人民。人民行使国家权力的机关是全国人民代表大会和地方各级人民代表大会。(《读本》第 33 页,《宪法》第 2 条)

348. 对。(《读本》第 35 页)

349. 对。我国实行以按劳分配为主体、多种分配方式并存的分配制度。(《读本》第 37 页,《宪法》第 6 条)

350. 对。(《读本》第 38 页,《宪法》第 81 条)

351. 错。中华人民共和国公民,是指具有中华

人民共和国国籍的自然人。(《读本》第 39 页,《宪法》第 33 条)

352. 对。(《宪法》第 42 条、46 条)

353. 对。(《读本》第 39 页, 《宪法》第 123 条)

354. 对。(《读本》第 42 页)

355. 错。列入常务委员会会议议程的法律案,一般应当经三次常务委员会会议审议后再交付表决。(《立法法》第 27 条)

356. 对。(《立法法》第 42 条)

357. 错。涉及两个以上国务院部门职权范围的事项,应当提请国务院制定行政法规或者由国务院有关部门联合制定规章。(《立法法》第 72 条)

358. 错。同一机关制定的新的一般规定与旧的特别规定不一致时,由制定机关裁决。(《立法法》第 86 条)

359. 对。(《行政法规制定程序条例》第 31 条)

360. 错。虽然辞职是公务员的一项权利,是公务员择业自由的一种实现形式,但也有一些限制性规定,例如在涉及国家秘密等特殊职位任职或者离开上述职位不满国家规定的脱密期限,重要公务尚未处理完毕且须由本人继续处理,正在接受审计、纪律审查或者涉嫌犯罪、司法程序尚未终结等情形下,公务员

不得辞去公职。（《读本》第73页）

361. 错。法律、法规授权的组织以及行政机关委托的组织根据授权或者委托行使特定的行政职能，其违法造成的损害也由国家承担赔偿责任。（《读本》第81页，《国家赔偿法》第7条）

362. 错。行政机关及其工作人员行使行政职权侵犯公民、法人和其他组织的合法权益造成损害的，该行政机关为赔偿义务机关。（《读本》第85页）

363. 错。赔偿请求人请求国家赔偿的时效为2年，自其知道或者应当知道国家机关及其工作人员行使职权时的行为侵犯其人身权、财产权之日起计算，但被羁押等限制人身自由期间不计算在内。（《读本》第89页，《国家赔偿法》第39条第1款）

364. 对。（《国家赔偿法》第41条）

365. 错。财政部门发现赔偿项目、计算标准违反国家赔偿法规定的，应当提交作出赔偿决定的机关或者其上级机关依法处理、追究有关人员的责任。（《读本》第96页，《国家赔偿费用管理条例》第10条第2款）

366. 错。赔偿义务机关应当依照国家赔偿法的规定，责令有关工作人员、受委托的组织或者个人承担或者向有关工作人员追偿部分或者全部国家赔偿费用。（《读本》第96页，《国家赔偿费用管理条例》

第 12 条第 1 款）

367. 错。实现法治国家不是无条件的，作为法治国家，其在政治体制、经济体制、文化基础等方面都应满足一定的条件。从政治体制方面来看，所有法治国家的政治制度都必须为民主制度，同时法治国家还要求国家权力的合理分工和有效制约。从经济体制来看，法治国家的经济条件为市场经济体制。在市场经济体制下，国家主要通过法律形式对市场进行干预或宏观调控。从文化基础来看，法治国家要求社会公众的文化意识具有较高理性，全社会较好的法律意识是实现法治国家必不可少的条件。（《读本》第 99 ~ 100 页）

368. 错。1. 对于行政机关来说，法律授予其权力，同时也赋予其义务和责任。依法行政不仅要求行政机关要在法律授权范围内行使职权，也要求行政机关积极履行法律规定的义务和责任，否则，就是不作为，就应当承担相应的法律责任；2. 行使行政权要承担相应的责任，权责统一。行政主体的职权与职责相统一；行为主体与责任主体相一致；责任与违法相对应，违法必须受追究。如果行政机关的违法行为给公民、法人或者其他组织造成损害，行政机关应根据《国家赔偿法》的相关规定承担赔偿责任。（《读本》第 101 页）

369. 错。政府性基金预算、国有资本经营预算应当与一般公共预算相衔接。(《预算法》第5条)

370. 对。政府性基金预算应当根据基金项目收入情况和实际支出需要，按基金项目编制，做到以收定支。(《预算法》第9条)

371. 错。上级政府在安排专项转移支付时，不得要求下级政府承担配套资金。但是，按照国务院的规定应当由上下级政府共同承担的事项除外。(《预算法》第16条)

372. 对。(《预算法》第24条)

373. 对。(《预算法》第32条)

374. 错。中央一般公共预算中必需的部分资金，可以通过举借国内和国外债务等方式筹措，举借债务应当控制适当的规模，保持合理的结构。(《预算法》第34条第1款)

375. 对。(《预算法》第38条)

376. 对。(《预算法》第42条)

377. 错。县级以上地方各级预算安排对下级政府的一般性转移支付和专项转移支付，应当分别在本级人民代表大会批准预算后的三十日和六十日内正式下达。(《预算法》第52条)

378. 对。(《预算法》第54条)

379. 错。各级预算预备费的动用方案，由本级

政府财政部门提出，报本级政府决定。(《预算法》第64条)

380. 对。(《预算法》第66条)

381. 对。(《预算法》第69条)

382. 错。在预算执行中，地方各级政府因上级政府增加不需要本级政府提供配套资金的专项转移支付而引起的预算支出变化，不属于预算调整。(《预算法》第71条)

383. 对。(《预算法》第92条)

384. 错。(《预算法》第94条)

385. 对。(《读本》第145页，第383题)

386. 错。在政府采购活动中，采购人员及相关人员与供应商有利害关系的，必须回避。(《读本》第145页，第385题)

387. 对。(《政府采购法实施条例》第2条)

388. 对。(《政府采购法实施条例》第18条)

389. 错。招标文件的提供期限自开始发出之日起不得少于5个工作日。(《政府采购法实施条例》第31条)

390. 对。(《政府采购法实施条例》第33条)

391. 错。国务院财政部门规定的情形除外。(《政府采购法实施条例》第44条)

392. 对。(《政府采购法实施条例》第46条)

393. 错。采购人可以按照评审报告提出的中标或者成交候选人名单排序，确定下一候选人为中标或者成交供应商。（《政府采购法实施条例》第49条）

394. 对。（《政府采购非招标采购方式管理办法》第4条）

395. 错。不包括收取的销项税额。（《读本》第167页）

396. 对。（《读本》第168页）

397. 错。纳税人自产自用的应税消费品，用于生产应税消费品的，不纳税；用于其他方面的，于移送使用时纳税。（《读本》第172页）

398. 错。应纳税所得额的计算以权责发生制为原则，属于当期的收入和费用，不论款项是否收付，均作为当期的收入和费用；不属于当期的收入和费用，即使款项已经在当期收付，均不作为当期的收入和费用，税法另有规定的除外。（《读本》第180页）

399. 错。企业在汇总计算缴纳企业所得税时，其境外营业机构的亏损不得抵减境内营业机构的盈利。（《读本》第182页）

400. 错。对于在中国境内未设立机构、场所的，或者虽设立机构、场所但取得的所得与其所设机构、场所没有实际联系的非居民企业，转让财产所得，以收入全额减除财产净值后的余额为应纳税所得额。

（《读本》第 183 页）

401. 错。海关征收关税、滞纳金等，应当按人民币计征。（《进出口关税条例》第 38 条第 1 款）

402. 对。（《读本》第 190 页）

403. 错。城镇土地使用税的纳税人指在城市、县城、建制镇和工矿区范围内使用土地的单位和个人。城镇土地使用税的纳税人除指在城市、县城、建制镇和工矿区范围内使用土地的单位，还应包括个人。（《读本》第 191 页）

404. 对。（《读本》第 192 页）

405. 对。（《读本》第 193 页）

406. 对。（《读本》第 198 页）

407. 对。（《读本》第 199 页）

408. 错。派驻外地的单位在派驻地可以使用。（《财政票据管理办法》第 30 条）

409. 错。理由是：政府非税收入按照规定应当及时足额上缴国库或者财政专户，不得隐瞒、截留、挤占、坐支和挪用。（《读本》第 215 页）

410. 错。政府性基金实行中央一级审批制度。（《读本》第 220 页）

411. 对。（《读本》第 221 页）

412. 错。会计法律制度是调整会计关系的各种法律规范的总称，包括现行有效的法律、法规、规章

和规范性文件。(《读本》第 235 页)

413. 对。(《读本》第 236 页)

414. 对。(《读本》第 238 页)

415. 对。(《财政部关于修改〈企业会计准则——基本准则〉的决定》(财政部令第 76 号))

416. 错。各单位采用的会计处理方法，前后各期应当一致，不得随意变更；确有必要变更的，应当按照国家统一的会计制度的规定变更，并将变更的原因、情况及影响在财务报告中予以说明。(《读本》第 239 页)

417. 错。单位负责人是单位财务会计报告的责任主体，必须保证对外提供的财务会计报告的真实、完整。(《读本》第 239 页)

418. 对。(《读本》第 250 页)

419. 对。(《读本》第 252 页)

420. 错。在我国不允许注册会计师以个人名义执行业务，没有加入会计师事务所的不能执行注册会计师业务。(《读本》第 258 页)

421. 错。(《读本》第 258 页，《注册会计师法》第 22 条)

422. 对。(《读本》第 261 页)

423. 错。设立会计师事务所，由省、自治区、直辖市人民政府财政部门批准。(《注册会计师法》

第 25 条，根据 2014 年 8 月 31 日中华人民共和国主席令第十四号《全国人民代表大会常务委员会关于修改〈中华人民共和国保险法〉等五部法律的决定》修正）

424. 错。由所在地的省级财政部门予以撤销。（《读本》第 264 页）

425. 错。外国会计师事务所需要在中国境内临时办理有关业务的，须经有关的省、自治区、直辖市人民政府财政部门批准。（《注册会计师法》第 44 条，根据 2014 年 8 月 31 日中华人民共和国主席令第十四号《全国人民代表大会常务委员会关于修改〈中华人民共和国保险法〉等五部法律的决定》修正）

426. 对。（《读本》第 268 页）

427. 错。金融企业高层管理人员的境外培训和考察，其一次性单项支出较高的费用不属于职工教育经费支出范围，应当从其他管理费用中支出。（《读本》第 282 页）

428. 错。固定资产是指使用期限超过 1 年，单位价值在 1000 元以上（其中，专用设备单位价值在 1500 元以上），并在使用过程中基本保持原有物质形态的资产。（《行政单位财务规则》第 30 条）

429. 错。事业单位应当自求收支平衡，不得编

制赤字预算。(《事业单位财务规则》第8条)

430. 对。(《企业国有资产法》第5条)

431. 对。(《企业国有资产法》第15条)

432. 错。国有资本控股公司、国有资本参股公司与关联方进行交易，公司董事会对公司与关联方的交易作出决议时，该交易涉及的董事不得行使表决权，也不得代理其他董事行使表决权。(《企业国有资产法》第46条)

433. 错。行政单位对外出租、出借其占有、使用的国有资产，必须事先上报同级财政部门审核批准。未经批准，不得对外出租、出借。(《读本》第316页)

434. 错。《事业单位国有资产产权登记证》是由财政部统一印制的，证明国家对事业单位国有资产享有所有权，单位享有占有、使用权的法律凭证。(《读本》第323页)

435. 对。(《事业单位国有资产管理暂行办法》第3条)

436. 对。(《事业单位国有资产管理暂行办法》第14条)

437. 错。在此情形下，应当向案件所涉嫌主罪的管辖机关移送。(《财政监督检查案件移送办法》第7条，《读本》第329页)

438. 错。金额在 1000 万元以上，才需要报送财政部决定。(《财政监督检查案件移送办法》第 8 条，《读本》第 329 页)

439. 对。(《财政违法行为处罚处分条例》第 26 条，《读本》第 348 页)

440. 对。(《财政检查工作办法》第 5 条，《读本》第 348 页)

441. 对。(《财政检查工作办法》第 9 条，《读本》第 349 页)

442. 错。(《财政违法行为处罚处分条例》第 29 条，《读本》第 350 页)

443. 对。(《行政强制法》第 15 条)

444. 对。(《行政强制法》第 17 条)

445. 错。《行政许可法》第 5 条规定了公开的例外情形，即涉及国家秘密、商业秘密和个人隐私的可以不予公开。(《读本》第 353～354 页)

446. 对。(《行政许可法》第 16 条)

447. 错。《行政许可法》第 24 条规定，受委托机关不得转委托。(《读本》第 359 页)

448. 对。(《行政许可法》第 29 条，《读本》第 360 页)

449. 错。《行政许可法》第 46、47 条规定，申请人、利害关系人不承担行政机关组织听证的费用。

450. 对。(《行政许可法》第 57 条)

451. 错。《财政机关实施行政许可听证办法》第 21、22 条规定，申请听证的公民死亡、法人或者其他组织终止，尚未确定权利义务承受人的，应当中止听证。

452. 对。(《行政处罚法》第 7 条)

453. 对。(《行政处罚法》第 28 条，《读本》第 375 页)

454. 错。被委托者只能是符合条件的组织，不能委托个人实施行政处罚。(《行政处罚法》第 18 条，《读本》第 377 页)

455. 错。违法行为轻微并及时纠正，没有造成危害后果的，不予行政处罚。(《行政处罚法》第 27 条，《读本》第 379 页)

456. 错。《行政处罚法》第 32 条规定，行政机关不得因当事人的申辩而加重处罚。(《读本》第 381 页)

457. 错。行政处罚在复议和诉讼期间不停止执行。(《行政处罚法》第 45 条，《读本》第 383 页)

458. 对。(《行政处罚法》第 52 条，《读本》第 383 页)

459. 错。人民检察院是国家的法律监督机关，依照法律规定独立行使检察权，不受行政机关、社会

团体和个人的干涉。监察机关是指人民政府设立的行使监察职能的机关。(《读本》第 389 页)

460. 错。监察机关派出的监察机构或者监察人员，对监察机关负责并报告工作。(《读本》第 389 页)

461. 错。公民、法人或者其他组织不服行政机关对民事纠纷作出的调解或者其他处理的，不能通过行政复议寻求救济。(《行政复议法》第 8 条，《读本》第 397 页)

462. 对。(《行政复议法实施条例》第 30 条，《读本》第 399 页)

463. 错。行政复议机关无正当理由不予受理的行政复议申请的，上级行政机关应当责令其限期受理；必要时，上级行政机关也可以直接受理；认为行政复议申请不符合法定受理条件的，应当告知申请人。(《行政复议法》第 20 条，《行政复议法实施条例》第 31 条，《读本》第 404 页)

464. 对。(《行政复议法实施条例》第 50 条，《读本》第 405 页)

465. 错。在行政复议过程中，被申请人不得自行向申请人和其他有关组织或者个人收集证据。(《行政复议法》第 24 条，《读本》第 406 页)

466. 对。(《行政复议法实施条例》第 51 条，

《读本》第407页）

467. 错。行政复议机关作出行政复议决定，应当制作行政复议决定书，并加盖印章。行政复议决定书一经送达，即发生法律效力。（《行政复议法》第31条第2款、第3款，《读本》第408页）

468. 错。被申请人不履行或者无正当理由拖延履行行政复议决定的，行政复议机关或者有关上级行政机关应当责令其限期履行。（《行政复议法》第32条第2款，《读本》第408页）

469. 错。对维持具体行政行为的行政复议决定，申请人逾期不起诉又不履行行政复议决定的，由作出具体行政行为的行政机关依法强制执行，或者申请人民法院强制执行。（《行政复议法》第33条，《读本》第408页）

470. 对。（修改后的《行政诉讼法》第3条第3款）

471. 对。（《读本》第417页，修改后的《行政诉讼法》第8条）

472. 错。人民法院在审理行政案件中，经审查认为被诉行政行为所依据的规范性文件不合法的，不作为认定行政行为合法的依据，并向制定机关提出处理建议。（修改后的《行政诉讼法》第64条）

473. 对。（修改后的《行政诉讼法》第65条）

474. 对。（修改后的《行政诉讼法》第79条）

475. 对。（修改后的《行政诉讼法》第87条）

476. 错。人民法院审理行政案件，应当收取诉讼费用。诉讼费用由败诉方承担，双方都有责任的由双方分担。（修改后的《行政诉讼法》第102条）

477. 对。（《政府信息公开条例》第10条，《读本》第433页）

478. 错。行政机关不得公开涉及国家秘密、商业秘密、个人隐私的政府信息。但是，经权利人同意公开或者行政机关认为不公开可能对公共利益造成重大影响的涉及商业秘密、个人隐私的政府信息，可以予以公开。（《政府信息公开条例》第14条，《读本》第436页）

479. 对。（《政府信息公开条例》第16条）

480. 错。属于主动公开范围的政府信息，应当自该政府信息形成或者变更之日起20个工作日内予以公开；法律、法规对政府信息公开的期限另有规定的，从其规定。（《政府信息公开条例》第18条，《读本》第435页）

481. 错。申请公开的政府信息中含有不应当公开的内容，但是能够作区分处理的，行政机关应当向申请人提供可以公开的信息内容。（《政府信息公开条例》第22条，《读本》第436页）

482. 对。(《政府信息公开条例》第 24 条)

483. 对。(《政府信息公开条例》第 25 条,《读本》第 438 页)

484. 错。行政机关依申请公开政府信息,应当按照申请人要求的形式予以提供;无法按照申请人要求的形式提供的,可以通过安排申请人查阅相关资料、提供复制件或者其他适当形式提供。(《政府信息公开条例》第 26 条,《读本》第 436 页)

485. 对。(《政府信息公开条例》第 27 条)

(五) 简 答

486. 法的特征,是指法之所以成为法而与其他事物相区别的质的规定性。

(1) 法是调整社会关系的行为规范。法主要是由规范构成的,是调整人们行为的一种社会规范,具有普遍性和概括性,法是一种抽象、概括的规定,它的适用对象是一般的人或事而不是特定的人或事,它在生效期间是反复适用的,它为人们的行为提供模式、标准和方向。对有权制定法律规范的国家机关所发布的文件,只有规范性文件才属于法的范围,非规范性文件虽然也具有法律效力,但不属于法的范围,只是适用一定法律规范的产物。

（2）法是国家制定或认可的行为规范。这一特征使法与其他社会规范区别开来。国家制定的法，是成文法；国家认可的法，是习惯法或判例法。法与其他社会规范相比，具有统一性、普遍适用性、权威性。统一性是指一个国家只能有一种法律和法律体系，普遍适用性是指法律在其效力所及的时间和空间范围内普遍适用，权威性是指法的效力高于其他社会规范。

（3）法是以权利义务、权力职责为内容的行为规范。法是通过规定各法律主体的权利与义务、权力与职责，来影响人们的行为动机、指引人们的行为方式、规范人们的行为准则，调整各种社会关系。法具有现实性，即法律具体规定了人们可以或不可以、应该或不应该如何行为。

（4）法是由国家强制力保证其实施的行为规范。国家强制力是指国家的军队、警察、法庭、监狱等有组织的国家力量。法的强制性并不意味着法不可以通过人们自觉执行和遵守来实现，国家强制只是法律实施的具有间接、潜在的保证力量，道德、文化、政治、经济等手段也能促进法的实施。（《读本》第1页）

487. 行政执法是指国家行政机关等行政执法主

体依照法定职权和法定程序，贯彻、执行法律的活动。行政执法具有以下特征：

（1）行政执法是行政执法主体的活动，非行政执法主体的行为不是行政执法行为。行政执法主体，是指依据有关法律规定的条件和程序设立的，享有国家行政执法权，能以自己的名义行使行政执法权，并能够独立地承担因此而产生的相应法律责任的组织。行政执法主体通常是主管的国家各级行政机关，包括中央和地方各级人民政府及其享有执法权的下属行政机构。在我国，具体实施行政执法的执法主体还包括法律、法规授权的执法机构和行政机关依法委托的组织。

（2）行政执法是国家行政执法主体行使国家行政执法权的活动。行政执法权是行政执法的核心。行政执法活动基于行政执法权而产生，是行政执法权的具体运用方式和方法。行政执法的主要内容是行政机关依法行政，其结果直接影响或直接涉及具体的公民、法人或者其他组织的权利和义务。从具体内容上看，行政执法大致可分为两类：一是行政执法主体依法作出决定，采取措施，直接影响公民、法人或者其他组织的权利义务；二是行政执法主体通过各种形式，对公民、法人或者其他组织是否依法正当行使权利和履行义务的情况进行监督检查。

（3）行政执法是行政执法主体将法律法规规章等适用于具体行政相对人或事的活动。行政执法的相对方是特定的公民、法人或者其他组织，行政执法是行政机关与具体的、特定的公民、法人或者其他组织之间发生的法律关系，属于对外部作出的具体行政行为。

（4）行政执法是行政执法主体在其职权范围内贯彻落实国家法律法规的活动，具有主动性。由于行政执法是行使国家行政职权的行为，因而一般以行政执法主体单方意思表示为特点，即不需相对方同意，执法主体便可对公民、法人或其他组织的权利义务作出单方面的决定或处理。由于行政执法是将具有普遍约束力的法律规范适用于具体相对方、处理特定的具体事项的行为，因而，它直接涉及公民、法人或其他组织法律上的权利义务，必然会对公民、法人或其他组织产生一定的约束力，是一种能直接产生法律后果的行为，也是行政主体实施国家行政管理职能的主要形式。（《读本》第 12 页）

488. 法律制裁是指由特定国家机关对违法者依其法律责任而实施的强制性惩罚措施。法律责任是指行为人由于违法行为、违约行为或者由于法律规定而应承受的某种不利的法律后果。

（1）法律制裁与法律责任相联系。法律制裁是承担法律责任的重要方式，法律责任是前提，法律制裁是结果或体现，法律制裁的目的是强制责任主体承担不利的法律后果，惩罚违法者，恢复被侵害的权利和法律秩序。

（2）法律制裁与法律责任的不同。法律责任不等于法律制裁，有法律责任不等于一定有法律制裁。只有在违反法律义务行为人不主动承担其应承担的法律责任时，由有关国家机关强制性地将不利的法律后果施加于违法行为人，使法律责任落到实处，才形成法律制裁。（《读本》第13～14页）

489. 法律监督的基本构成要素，一般包括三个方面，即监督主体、监督客体和监督内容。

（1）法律监督主体。法律监督主体包括国家机关、政党、社会组织、社会团体、企事业单位和公民个人等。在我国，主要是中国共产党、人民代表大会及其常务委员会、行政机关、司法机关、人民政协及各民主党派和其他社会团体、新闻舆论组织和人民群众。通常可以概括为国家机关、社会组织和人民群众三大类。国家机关通常包括国家权力机关、国家行政机关和国家司法机关。

（2）法律监督客体。法律监督客体，是指法律监督的对象，即监督谁的问题。从广义上说，法律监督的对象，包括从事各种法律活动的所有国家机关、社会组织和公民个人。从狭义上说，法律监督客体是立法、执法和司法机关及其公职人员进行的公务活动。

（3）法律监督内容。法律监督内容主要是监督客体行为的合法性。从法律关系角度来看，法律监督关系在法律上的表现，就是监督方与被监督方在监督活动中权利与义务的关系。监督双方的权利义务不同于实体法上的权利义务，通常不涉及实体上的权益，而是体现为一种程序上的权利义务关系。监督方有依照法律法规规定，对被监督方的法律活动实行监督、评判、督促的权利和义务，被监督方有依法接受监督方监督的义务和权利。监督权是一种程序上的督促、建议权，不是实体处分权。监督方不能代替被监督方行使职责，被监督方的活动和行为是根据国家赋予的职权依法独立进行的。（《读本》第 15 页）

490. 法律部门是法律体系的基本构成要素，各个不同的法律部门的有机组合，即形成国家的法律体系。法律体系与法律部门是整体与局部的关系，即法律体系是一个国家法律的整体，法律部门是这一整体的构成单位，因此法律体系就是法律部门体系。（《读本》第 20 页）

491. 完善社会主义市场经济体制的规定。完善土地征用制度，将"可以依照法律规定对土地实行征用"修改为"可以依照法律规定对土地实行征收或者征用并给予补偿"。进一步明确国家发展非公有制经济的方针，将"国家保护个体经济、私营经济的合法的权利和利益。国家对个体经济、私营经济实行引导、监督和管理"修改为"国家保护个体经济、私营经济等非公有制经济的合法的权利和利益。国家鼓励、支持和引导非公有制经济的发展，并对非公有制经济依法实行监督和管理。"增加"国家建立健全同经济发展水平相适应的社会保障制度"的规定。（《读本》第31~32页）

492. 国体，即国家性质，是指国家政权的阶级归属，它集中体现社会各阶级、阶层在国家政治生活中的地位，反映社会经济基础和社会文化制度。我国宪法规定："中华人民共和国是工人阶级领导的、以工农联盟为基础的人民民主专政的社会主义国家"。"社会主义制度是中华人民共和国的根本制度。禁止任何组织或者个人破坏社会主义制度"。人民民主专政的社会主义制度即是我国宪法所确定的国体。（《读本》第32页）

493. 政体，又称政权组织形式，是指统治阶级按照一定的原则组成的，代表国家行使权力的实现阶级统治任务的国家政权机关的组织体制。政体是国家制度的组成部分，作为国家的主要外在表现形态，政体与国家是同时产生的。

我国的政权组织形式是人民代表大会制度。宪法规定："中华人民共和国的一切权力属于人民。人民行使国家权力的机关是全国人民代表大会和地方各级人民代表大会。人民依照法律规定，通过各种途径和形式，管理国家事务，管理经济和文化事业，管理社会事务。"（《读本》第 33 页）

494. 人民代表大会制度，是指以人民代表大会为核心的国家政权组织形式，其主要内容包括人民代表大会产生、组织、职权和行使职权的各项制度，以及关于人民代表大会与国家行政机关、审判机关、检察机关等其他国家机关关系的各项制度。

人民代表大会制度是我国人民的伟大创造，具有以下两个方面的基本特点：一是充分体现了一切权力属于人民的根本原则。一切权力属于人民是宪法所确立的一项基本原则，也是人民代表大会制度的实质和前提。人民选举自己的代表组成各级人民代表大会，行使国家权力，监督其他各级国家机关。二是充分体现了民主集中制的组织原则。宪法规定："中华人民共和国的国家机构实行民主集中制的原则"。各级人民代表大会由人民选举产生是民主，各级人民代表大会统一行使国家权力是集中；坚持中央统一领导是集中，充分发挥地方的主动性、积极性是民主。在民主基础上的集中，在集中指导下的民主，将民主与集中有机地结合在一起，使人民代表大会制度下的各级国家机构工作的效率与公平得到兼顾。（《读本》第33页）

495.《立法法》总结以往实践经验，确立了以下几项适用规则：一是上位法优于下位法；二是自治条例、单行条例和经济特区法规部分内容的优先适用；三是同位阶的法律规范具有同等效力，在各自权限范围内实施；四是特别规定优于一般规定；五是新的规定优于旧的规定；六是不溯及既往。（《读本》第56页）

496. 不相隶属的法律规范之间的冲突，应当由有权机关予以裁决。一是同一机关制定的新的一般性规定与旧的特别规定不一致的，由制定机关裁决。二是地方性法规与部门规章规定不一致的，由国务院提出意见，国务院认为应当适用地方性法规的，适用地方性法规；国务院认为应当适用部门规章的，由国务院提请全国人大常委会裁决。三是部门规章之间、部门规章与地方政府规章之间对同一事项规定不一致时，由国务院裁决。四是根据授权制定的法规与法律规定不一致的，由全国人大常委会裁决。（《读本》第56页）

497. 公务员应当履行下列义务：

（一）模范遵守宪法和法律；

（二）按照规定的权限和程序认真履行职责，努力提高工作效率；

（三）全心全意为人民服务，接受人民监督；

（四）维护国家的安全、荣誉和利益；

（五）忠于职守，勤勉尽责，服从和执行上级依法作出的决定和命令；

（六）保守国家秘密和工作秘密；

（七）遵守纪律，恪守职业道德，模范遵守社会公德；

（八）清正廉洁，公道正派；

（九）法律规定的其他义务。（《公务员法》第12条，《读本》第59页）

498. 国家赔偿方式，是指国家承担因损害行为产生的法律后果而对受害人给予赔偿的方式。我国法定的国家赔偿方式包括：支付赔偿金（包括精神损害抚慰金）；返还财产；恢复原状；消除影响、恢复名誉、赔礼道歉。

（1）支付赔偿金，是指因侵害权益行为造成公民人身、精神损害和公民、法人或者其他组织财产损害，依法应当承担的以给付金钱来弥补所受损害的赔偿责任。

（2）返还财产是指将属于受害人的财产重新归

于受害人，受害人继续占有、使用该财产；是一种权利归属明确前提下，实际占有人将财产主动返还给财产所有者或者有权占有者的行为。返还财产包括原物的返还，也保护原物所生孳息的返还。

（3）恢复原状是指对已经受到损毁的财产进行修复，使之恢复到财产受损害之前的状况和性能。恢复原状不仅包括事实上的恢复，还包括权利受到限制后的恢复，是一种正常的法律关系及相应权利状态的恢复。

（4）消除影响、恢复名誉、赔礼道歉是关于精神损害的赔偿方式。消除影响，是由赔偿义务机关在特定范围内消除因致人精神侵害所产生的不良影响。恢复名誉，是由赔偿义务机关在公民精神权益受到侵害的影响所涉及的范围内，将其名誉、荣誉等精神权益恢复到受侵害前的状态。赔礼道歉，是赔偿义务机关因侵权行为损害公民精神权益，而向受害人承认错误，表达歉意。（《读本》第89～90页）

499.（1）造成身体伤害的，应当支付医疗费、护理费，以及赔偿因误工减少的收入。减少的收入每日的赔偿金按照国家上年度职工日平均工资计算，最高额为国家上年度职工年平均工资的五倍。

（2）造成部分或者全部丧失劳动能力的，应当支付医疗费、护理费、残疾生活辅助具费、康复费等因残疾而增加的必要支出和继续治疗所必需的费用，以及残疾赔偿金。残疾赔偿金根据丧失劳动能力的程度，按照国家规定的伤残等级确定，最高不超过国家上年度职工年平均工资的二十倍。造成全部丧失劳动能力的，对其扶养的无劳动能力的人，还应当支付生活费。

（3）造成死亡的，应当支付死亡赔偿金、丧葬费，总额为国家上年度职工年平均工资的二十倍。对死者生前扶养的无劳动能力的人，还应当支付生活费。

上述有关生活费的发放标准，参照当地最低生活保障标准执行。被扶养的人是未成年人的，生活费给付至十八周岁止；其他无劳动能力的人，生活费给付至死亡时止。（《国家赔偿法》第34条，《读本》第90~91页）

500.（1）财政部门处理支付申请。财政部门收到赔偿义务机关申请材料后，应当根据下列情况分别作出处理：申请的国家赔偿费用依照预算管理权限不属于本财政部门支付的，应当在3个工作日内退回申请材料并书面通知赔偿义务机关向有管理权限的财政部门申请。申请材料符合要求的，收到申请即为受理，并书面通知赔偿义务机关。申请材料不符合要求的，应当在3个工作日内一次告知赔偿义务机关需要补正的全部材料。赔偿义务机关应当在 5 个工作日内按照要求提交全部补正材料，财政部门收到补正材料即为受理。

（2）财政部门支付国家赔偿费用。财政部门应当自受理申请之日起 15 日内，按照预算和财政国库管理的有关规定支付国家赔偿费用。财政部门发现赔偿项目、计算标准违反国家赔偿法规定的，应当提交作出赔偿决定的机关或者其上级机关依法处理、追究有关人员的责任。

（3）财政部门自支付国家赔偿费用之日起 3 个工作日内告知赔偿义务机关、赔偿请求人。（《读本》第 96 页）

501. 全国人民代表大会常务委员会监督中央和地方预算的执行；审查和批准中央预算的调整方案；审查和批准中央决算；撤销国务院制定的同宪法、法律相抵触的关于预算、决算的行政法规、决定和命令；撤销省、自治区、直辖市人民代表大会及其常务委员会制定的同宪法、法律和行政法规相抵触的关于预算、决算的地方性法规和决议。在全国人民代表大会闭会期间，审查和批准省、自治区、直辖市举借债务的规模。（《预算法》第 20、35 条）

502. 国务院编制中央预算、决算草案；向全国人民代表大会作关于中央和地方预算草案的报告；将省、自治区、直辖市政府报送备案的预算汇总后报全国人民代表大会常务委员会备案；组织中央和地方预算的执行；决定中央预算预备费的动用；编制中央预算调整方案；监督中央各部门和地方政府的预算执行；改变或者撤销中央各部门和地方政府关于预算、决算的不适当的决定、命令；向全国人民代表大会、全国人民代表大会常务委员会报告中央和地方预算的执行情况。根据全国人民代表大会或全国人民代表大会常务委员会批准的债务规模确定省、自治区、直辖市举借债务的限额。(《预算法》第23条、35条)

503. 地方各级政府财政部门具体编制本级预算、决算草案；具体组织本级总预算的执行；提出本级预算预备费动用方案；具体编制本级预算的调整方案；定期向本级政府和上一级政府财政部门报告本级总预算的执行情况。(《预算法》第25条)

504. 各级预算应当根据年度经济社会发展目标、国家宏观调控总体要求和跨年度预算平衡的需要，参考上一年预算执行情况、有关支出绩效评价结果和本年度收支预测，按照规定程序征求各方面意见后，进行编制。(《预算法》第32条)

505. (一)上一年预算执行情况是否符合本级人民代表大会预算决议的要求；(二)预算安排是否符合预算法规定；(三)预算安排是否贯彻国民经济

和社会发展的方针政策，收支政策是否切实可行；（四）重点支出和重大投资项目的预算安排是否适当；（五）预算的编制是否完整，是否符合《预算法》第46条报送各级人民代表大会审查和批准的预算草案应当细化的规定；（六）对下级政府的转移性支出预算是否规范、适当；（七）预算安排举借的债务是否合法、合理，是否有偿还计划和稳定的偿还资金来源；（八）与预算有关重要事项的说明是否清晰。（《预算法》第48条）

506.（一）上一年度结转的支出；（二）参照上一年同期的预算支出数额安排必须支付的本年度部门基本支出、项目支出，以及对下级政府的转移性支出；（三）法律规定必须履行支付义务的支出，以及用于自然灾害等突发事件处理的支出。（《预算法》第54条）

507.（一）需要增加或者减少预算总支出的；（二）需要调入预算稳定调节基金的；（三）需要调减预算安排的重点支出数额的；（四）需要增加举借债务数额的。（《预算法》第67条）

508.（一）预算收入情况；（二）支出政策实施情况和重点支出、重大投资项目资金的使用及绩效情况；（三）结转资金的使用情况；（四）资金结余情况；（五）本级预算调整及执行情况；（六）财政转移支付安排执行情况；（七）经批准举借债务的规模、结构、使用、偿还等情况；（八）本级预算周转金规模和使用情况；（九）本级预备费使用情况；（十）超收收入安排情况，预算稳定调节基金的规模和使用情况；（十一）本级人民代表大会批准的预算决议落实情况；（十二）其他与决算有关的重要情况。（《预算法》第79条）

509. 符合下列情形之一的货物或者服务，可以依法采用单一来源方式采购：

（1）只能从唯一供应商处采购的；

（2）发生了不可预见的紧急情况不能从其他供应商处采购的；

（3）必须保证原有采购项目一致性或者服务配套的要求，需要继续从原供应商处添购，且添购资金总额不超过原合同采购金额百分之十的。（《政府采购法》第31条，《读本》第151页）

510. 在招标采购中，出现下列情形之一的，应予废标：

（1）符合专业条件的供应商或者对招标文件作实质响应的供应商不足三家的；

（2）出现影响采购公正的违法、违规行为的；

（3）投标人的报价均超过了采购预算，采购人不能支付的；

（4）因重大变故，采购任务取消的。（《政府采购法》第 36 条，《读本》第 155 ~ 156 页）

511. 在政府采购活动中，采购人员及相关人员与供应商有下列利害关系时，应当回避：

（1）参加采购活动前 3 年内与供应商存在劳动关系；

（2）参加采购活动前 3 年内担任供应商的董事、监事；

（3）参加采购活动前 3 年内是供应商的控股股东；

（4）与供应商的法定代表人或者负责人有夫妻、直系血亲、三代以内旁系血亲或者近姻亲关系；

（5）与供应商有其他可能影响政府采购活动公平、公正进行的关系。（《政府采购法实施条例》第 9 条）

512. 采购人或者采购代理机构有下列情形之一的，属于以不合理的条件对供应商实行差别待遇或者歧视待遇：

（1）就同一采购项目向供应商提供有差别的项目信息；

（2）设定的资格、技术、商务条件与采购项目的具体特点和实际需要不相适应或者与合同履行无关；

（3）采购需求中的技术、服务等要求指向特定供应商、特定产品；

（4）以特定行政区域或者特定行业的业绩、奖项作为加分条件或者中标、成交条件；

（5）对供应商采取不同的资格审查或者评审标准；

（6）限定或者指定特定的专利、商标、品牌或者供应商；

（7）非法限定供应商的所有制形式、组织形式或者所在地；

（8）以其他不合理条件限制或者排斥潜在供应商。(《政府采购法实施条例》第20条)

513. 采购人或者采购代理机构应当在中标、成交供应商确定后2个工作日内，发出中标、成交通知书，并在省级以上人民政府财政部门指定的媒体上公告中标、成交结果，并将招标文件、竞争性谈判文件、询价通知书随中标、成交结果同时公告。

中标、成交结果公告内容应当包括采购人和采购代理机构的名称、地址和联系方式，项目名称和项目编号，中标或者成交供应商名称、地址和中标或者成交金额，主要中标或者成交标的的名称、规格型号、数量、单价、服务要求，评审专家名单。(《政府采购法实施条例》第43条)

514. 增值税的纳税期限分别为 1 日、3 日、5 日、10 日、15 日、1 个月或者 1 个季度。纳税人的具体纳税期限，由主管税务机关根据纳税人应纳税额的大小分别核定；不能按照固定期限纳税的，可以按次纳税。纳税人以 1 个月或者 1 个季度为 1 个纳税期的，自期满之日起 15 日内申报纳税；以 1 日、3 日、5 日、10 日或者 15 日为 1 个纳税期的，自期满之日起 5 日内预缴税款，于次月 1 日起 15 日内申报纳税并结清上月应纳税款。纳税人进口货物，应当自海关填发税款缴纳证的次日起 15 日内缴纳税款。（《读本》第 169 页）

515. 纳税人生产的应税消费品，于销售时纳税。纳税人自产自用的应税消费品，用于生产应税消费品的，不纳税；用于其他方面的，于移送使用时纳税。进口应税消费品，于报关进口环节纳税，但金银首饰在零售环节纳税。（《消费税暂行条例》第 1 条）

516. （1）以租赁方式进口的货物，应当以海关审定的货物的租金作为完税价格。

（2）运往境外加工的货物，出境时已向海关报明并在海关规定期限内复运进境的，应当以境外加工费和料件费以及复运进境的运输及其相关费用和保险费审查确定完税价格。

（3）运往境外修理的机械器具、运输工具或者其他货物，出境时已向海关报明并在海关规定期限内复运进境的，应当以境外修理费和料件费审查确定完税价格。(《进出口关税条例》第 23、24、25 条，《读本》第 178 页)

517. 我国对企业所得来源按照以下原则确定：销售货物所得，按照交易活动发生地确定；提供劳务所得，按照劳务发生地确定；转让财产所得，不动产转让所得按照不动产所在地确定，动产转让所得按照转让动产的企业或者机构、场所所在地确定，权益性投资资产转让所得按照被投资企业所在地确定；股息、红利等权益性投资所得，按照分配所得的企业所在地确定；利息所得、租金所得、特许权使用费所得，按照负担、支付所得的企业或者机构、场所所在地确定，或者按照负担、支付所得的个人的住所所在地确定；其他所得，由国务院财政、税务主管部门确定。(《读本》第 179 页)

518. (1) 直接抵免。企业取得的下列所得已在境外缴纳的所得税税额，可以从其当期应纳税额中抵免，抵免限额为该项所得依照企业所得税法规定计算的应纳税额；超过抵免限额的部分，可以在以后 5 个年度内，用每年度抵免限额抵免当年应抵税额后的余额进行抵补：居民企业来源于中国境外的应税所得；非居民企业在中国境内设立机构、场所，取得发生在中国境外但与该机构、场所有实际联系的应税所得。

（2）间接抵免。居民企业从其直接或者间接控制的外国企业分得的来源于中国境外的股息、红利等权益性投资收益，外国企业在境外实际缴纳的所得税税额中属于该项所得负担的部分，可以作为该居民企业的可抵免境外所得税税额，在企业所得税税法规定的抵免限额内抵免。抵免限额，是指企业来源于中国境外的所得，依照企业所得税法及其实施条例的规定计算的应纳税额。除国务院财政、税务主管部门另有规定外，抵免限额应当分国（地区）不分项计算。（《读本》第182~183页）

519. 对在中国境内无住所而在中国境内取得工资、薪金所得的纳税义务人和在中国境内有住所而在中国境外取得工资、薪金所得的纳税义务人，可以根据其平均收入水平、生活水平以及汇率变化情况确定附加减除费用，附加减除的适用范围包括：（1）在中国境内的外商投资企业和外国企业中工作的外籍人员；（2）应聘在中国境内的企业、事业单位、社会团体、国家机关中工作的外籍专家；（3）在中国境内有住所而在中国境外任职或者受雇取得工资、薪金所得的个人；（4）财政部确定的其他人员。附加减除费用标准为1300元，华侨和香港、澳门、台湾同胞，参照上述规定执行。（《读本》第187页）

520. 税务机关有根据认为从事生产、经营的纳税人有逃避纳税义务行为的，可以在规定的纳税期之前，责令限期缴纳应纳税款；在限期内发现纳税人有明显的转移、隐匿其应纳税的商品、货物以及其他财产或者应纳税的收入迹象的，税务机关可以责成纳税人提供纳税担保。如果纳税人不能提供纳税担保，经县以上税务局（分局）局长批准，税务机关可以采取下列税收保全措施：（1）书面通知纳税人开户银行或者其他金融机构冻结纳税人的金额相当于应纳税款的存款；（2）扣押、查封纳税人的价值相当于应纳税款的商品、货物或者其他财产。纳税人在规定期限届满仍未缴纳税款的，经县以上税务局（分局）局长批准，税务机关可以书面通知纳税人开户银行或者其他金融机构从其冻结的存款中扣缴税款，或者依法拍卖或者变卖所扣押、查封的商品、货物或者其他财产，以拍卖或者变卖所得抵缴税款。但是，个人及其所扶养家属维持生活必需的住房和用品，不在税收保全措施的范围之内。应当注意的是，纳税人在规定的限期内已缴纳税款的，税务机关必须立即解除税收保全措施。如税务机关未立即解除税收保全措施，使纳税人的合法利益遭受损失的，税务机关应当承担赔偿责任。（《读本》第208～209页）

521. 行政事业性收费实行中央、省两级审批制度。其中，收费项目按隶属关系分别报国务院和省、自治区、直辖市人民政府的财政部门会同价格部门批准；确定和调整收费标准，按隶属关系分别报国务院和省、自治区、直辖市人民政府的价格部门会同财政部门批准；重要的收费项目和标准的制定及调整，报国务院或省级人民政府批准。同时，省、自治区、直辖市人民政府批准的行政事业性收费项目和收费标准，还应当报财政部、国家发展与改革委员会备案。省、自治区、直辖市以下各级人民政府（包括计划单列市）及其部门无权审批设立行政事业性收费项目或调整收费标准。行政事业性收费中的管理性收费、资源性收费、全国性的证照收费和公共事业收费，以及涉及中央和其他地区的地方性收费，实行中央一级审批。(《读本》第217页)

522. 权责发生制以取得款项的权利或支付款项的责任发生为标志确定本期收入和费用，凡是当期已经实现的收入和已经发生或应当负担的费用，无论款项是否收付，都应当作为当期的收入和费用；凡是不属于当期的收入和费用，即使款项已在当期收付，也不应当作为当期的收入和费用。收付实现制是与权责发生制相对应的一种会计核算基础，以款项的实际收付为标志确定本期收入和支出。(《读本》第240页)

523. 企业提供的会计信息应当具有可比性。同一企业不同时期发生的相同或者相似的交易或者事项，应当采用一致的会计政策，不得随意变更。确需变更的，应当在附注中说明。不同企业发生的相同或者相似的交易或者事项，应当采用规定的会计政策，确保会计信息口径一致、相互可比。（《读本》第241页）

524. 财政部门对各单位的会计工作进行监督，监督的内容主要包括：是否依法设置会计账簿；会计凭证、会计账簿、财务会计报告和其他会计资料是否真实、完整；会计核算是否符合会计法和国家统一的会计制度的规定；从事会计工作的人员是否具备从业资格。（《读本》第246页）

525. 为保护会计人员的合法权益，鼓励会计人员坚持原则，依法做好本职工作，会计法对会计人员规定了特别的法律保护，主要体现在以下几个方面：一是单位负责人为本单位会计行为的责任主体，对本单位会计工作和会计资料的真实性、完整性负责。二是单位负责人要保障会计人员依法行使职权。保障会计人员依法行使职权，既是法律赋予单位负责人的责任，也是对会计人员依法履行职责作出的重要法律保护。三是任何单位或者个人不得对坚持原则、依法履行职责、抵制会计违法行为的会计人员进行打击报复，否则就是违法行为，应追究其法律责任。四是对

认真执行会计法，忠于职守，坚持原则，做出显著成绩的会计人员，给予精神的或者物质的奖励。(《读本》第248页)

526. 注册会计师执业应当遵守下列规则：

(1) 注册会计师执行业务，应当加入会计师事务所。这是注册会计师执行业务的前提条件。在我国不允许注册会计师以个人名义执行业务，没有加入会计师事务所的不能执行注册会计师业务。

(2) 注册会计师承办业务，应由其所在的会计师事务所统一受理并与委托人签订委托合同。统一受理是指只能以会计师事务所的名义承接注册会计师业务，由此产生的权利义务应当由会计师事务所承担。

(3) 注册会计师执行业务，可以根据需要查阅委托人的有关会计资料和文件，查看委托人的业务现场和设施，要求委托人提供其他必要的协助。

(4) 注册会计师对其在执行业务时知悉的商业秘密，负有保密义务。

(5) 注册会计师与委托人有利害关系的，应当回避。委托人有权要求其回避。

(6) 注册会计师执行审计业务，必须按照审计准则规定的工作程序出具报告。注册会计师在执行业务过程中，如遇有下列情形之一的，应当拒绝出具有关报告：①委托人示意其作不实或者不当证明的；

②委托人故意不提供有关会计资料和文件的；③因委托人有其他不合理要求，致使注册会计师出具的报告不能对财务会计的重要事项做出正确表述的。

（7）注册会计师执行业务，必须遵守法律、行政法规和审计准则，并受法律保护。（《读本》第257～258页）

527. 会计师事务所违反《注册会计师法》应当承担的法律责任包括：

（1）会计师事务所应当承担的行政责任。会计师事务所执行审计业务时，遇到应当拒绝出具有关报告的情形而没有拒绝，或者没有按照执业准则、规则的规定出具报告，由财政部或者省级财政部门给予警告，没收违法所得，可以并处违法所得1倍以上5倍以下的罚款；情节严重的，并可以给予暂停其经营业务或者予以撤销的行政处罚。

（2）会计师事务所应当承担的刑事责任。会计师事务所执行审计业务时，遇到应当拒绝出具有关报告的情形而没有拒绝，或者没有按照执业准则、规则的规定，故意出具虚假的审计报告、验资报告，构成犯罪的，由司法机关给予刑事处罚。

（3）会计师事务所应当承担的民事责任。会计师事务所违反有关规定，给委托人、其他利害关系人造成损失的，应当承担赔偿责任。（《读本》第263～

264 页)

528. 根据注册会计师法的有关规定，注册会计师协会的职责主要包括以下几个方面：一是制定注册会计师协会章程。注册会计师协会包括中国注册会计师协会和省级注册会计师协会，分别有各自的章程。中国注册会计师协会的章程由全国会员代表大会制定，并报国务院财政部门备案。省级注册会计师协会的章程由本省会员代表大会制定，并报省级财政部门备案。二是支持注册会计师依法执行业务，维护注册会计师合法权益，向有关方面反映注册会计师的意见和建议。注册会计师协会支持注册会计师执行业务，主要表现在三个方面：（1）对注册会计师提供培训和教育；（2）对注册会计师执行业务提供指导和进行监督；（3）解决注册会计师执行业务中的困难，为注册会计师提供咨询服务。三是对注册会计师的任职资格、注册会计师和会计师事务所的执业情况进行检查。四是法律法规规定和国家机关委托的其他有关工作。此外，中国注册会计师协会还履行以下职责：依法拟订注册会计师执业准则、规则，报财政部批准后施行；组织实施注册会计师全国统一考试。省级注册会计师协会还履行依法受理注册申请并决定是否准予注册。（《读本》第 263 页）

529. 行政单位财务管理的主要任务是：

（1）科学、合理编制预算，严格预算执行，完整、准确、及时编制决算，真实反映单位财务状况；

（2）建立健全财务管理制度，实施预算绩效管理，加强对行政单位财务活动的控制和监督；

（3）加强资产管理，合理配置、有效利用、规范处置资产，防止国有资产流失；

（4）定期编制财务报告，进行财务活动分析；

（5）对行政单位所属并归口行政财务管理的单位的财务活动实施指导、监督；

（6）加强对非独立核算的机关后勤服务部门的财务管理，实行内部核算办法。（《行政单位财务规则》第3条、第4条）

530. 专用基金是指事业单位按照规定提取或者设置的有专门用途的资金。包括：

（1）修购基金，即按照事业收入和经营收入的一定比例提取，并按照规定在相应的购置和修缮科目中列支（各列50%），以及按照其他规定转入，用于事业单位固定资产维修和购置的资金。事业收入和经营收入较少的事业单位可以不提取修购基金，实行固定资产折旧的事业单位不提取修购基金。

（2）职工福利基金，即按照非财政拨款结余的一定比例提取以及按照其他规定提取转入，用于单位职工的集体福利设施、集体福利待遇等的资金。

（3）其他基金，即按照其他有关规定提取或者设置的专用资金。（《事业单位财务规则》第32条、第33条）

531. 行政单位国有资产处置，是指行政单位国有资产产权的转移及核销，包括各类国有资产的无偿转让、出售、置换、报损、报废等。

行政单位处置国有资产应当按照以下原则进行：（1）公开，即按照公开透明的原则，采取公开交易的方式进行资产处置；（2）公正，即按照统一规范的处置政策、处置程序进行资产处置；（3）公平，即采取公平竞争的方式，给所有竞争者均等的机会。

行政单位可以对以下几种国有资产进行处置：（1）闲置资产；（2）因技术原因并经过科学论证，确需报废、淘汰的资产；（3）因单位分立、撤销、合并、改制、隶属关系改变等原因发生的产权或者使用权转移的资产；（4）盘亏、呆账及非正常损失的资产；（5）已超过使用年限无法使用的资产；（6）依照国家有关规定需要进行资产处置的其他情形。（《读本》第316页）

532. 产权纠纷是指由于资产所有权、占有权、使用权、经营权等归属不清而发生的争议。事业单位国有资产产权纠纷因主体不同，其处理方式也不相同。（1）事业单位与其他国有单位之间产权纠纷的处理。①协商。事业单位与其他国有单位之间发生国有资产产权纠纷的，首先由事业单位与其他国有单位协商解决。协商解决是调解或者裁定的前置程序，没有经过协商的，不得提请调解或者裁定。②调解或者裁定。事业单位与其他国有单位之间发生国有资产产权纠纷的，在协商不能解决的情况下，可以向同级或者两者共同上一级财政部门申请调解或者裁定，必要时报有管辖权的人民政府处理。（2）事业单位与非国有单位或者个人之间产权纠纷的处理。①协商。事业单位与非国有单位或者个人之间发生产权纠纷的，事业单位应当先根据情况提出拟处理意见，经主管部门审核后报同级财政部门审批。经同级财政部门审批同意后，事业单位按照批准的方案，与对方当事人协商解决。②司法程序。事业单位与非国有单位或者个人之间发生的产权纠纷，通过协商方式不能解决的，提交司法程序处理。（《读本》第323页）

533. 各级财政部门是负责行政单位国有资产管理的职能部门，对行政单位国有资产实行综合管理。财政部门管理行政单位国有资产的职责主要包括：（1）贯彻执行国家有关国有资产管理的法律、法规和政策；（2）根据国家国有资产管理的有关规定，制定行政单位国有资产管理的规章制度，并对执行情况进行监督检查；（3）负责会同有关部门研究制定本级行政单位国有资产配置标准，负责资产配置事项的审批，按规定进行资产处置和产权变动事项的审批，负责组织产权界定、产权纠纷调处、资产统计报告、资产评估、资产清查等工作；（4）负责本级行政单位出租、出借国有资产的审批，负责与行政单位尚未脱钩的经济实体的国有资产的监督管理；（5）负责本级行政单位国有资产收益的监督、管理；（6）对本级行政单位和下级财政部门的国有资产管理工作进行监督、检查；（7）向本级政府和上级财政部门报告有关国有资产管理工作。（《读本》第314页）

534. 为避免重复检查、调查，财政违法行为各执法主体之间应当加强配合。配合的主要形式有：（1）共同办理与协助办理。如财政部门和监察机关可以共同立案查处财政违法违纪案件。此外，根据工作需要，财政部门、审计机关及其他有关监督检查机关在履行监督职责时，也可以提请有关单位予以协助。（2）相互利用调查、检查结论。财政部门、审计机关、监察机关及其他有关监督检查机关对有关单位或者个人依法进行调查、检查后，应当出具调查、检查结论。有关监督检查机关已经作出的调查、检查结论能够满足其他监督检查机关履行本机关职责需要的，其他监督检查机关应当加以利用。（3）案件移送。财政部门、审计机关、监察机关及其他有关机关应当加强配合，对不属于各自职权范围的事项，应当依法移送。受移送机关应当及时处理，并将结果书面告知移送机关。（《读本》第 328～329 页）

535. 根据《财政违法行为处罚处分条例》的规定，国家机关及其工作人员违反规定使用、骗取财政资金的行为具体包括：（1）以虚报、冒领等手段骗取财政资金；（2）截留、挪用财政资金；（3）滞留应当下拨的财政资金；（4）违反规定扩大开支范围，提高开支标准；（5）其他违反规定使用、骗取财政资金的行为。

国家机关及其工作人员违反规定使用、骗取财政资金的，应当责令改正，调整有关会计账目，追回有关财政资金，限期退还违法所得。对单位给予警告或者通报批评。对直接负责的主管人员和其他直接责任人员给予记大过处分；情节较重的，给予降级或者撤职处分；情节严重的，给予开除处分。（《财政违法行为处罚处分条例》第 6 条，《读本》第 334～336页）

536. 行政许可具有以下特征：（1）行政许可是

行政机关管理性行政行为。管理性的主要特点是行政机关单方面作出决定，公民、法人和其他组织违反行政机关依法作出的管理性行为即构成违法。（2）行政许可是行政机关对社会实施的外部行政行为。外部行政行为是针对外部管理对象（公民、法人和其他组织）作出的管理行为。（3）行政许可是行政机关根据公民、法人或者其他组织提出申请产生的行政行为。行政相对人提出申请，是行政许可的前提条件，无申请即无许可。（4）行政许可是准予行政相对人从事特定活动的行为。取得行政许可，表明申请人符合法定条件，可以依法从事有关活动。（《读本》第352~353页）

537. 根据《行政许可法》的规定，行政机关对申请人提出的行政许可申请，应当根据下列情况分别作出处理：（1）申请事项依法不需要取得行政许可的，应当即时告知申请人不受理；（2）申请事项依法不属于本行政机关职权范围的，应当即时作出不予受理的决定，并告知申请人向有关行政机关申请；（3）申请材料存在可以当场更正的错误的，应当允许申请人当场更正；（4）申请材料不齐全或者不符合法定形式的，应当当场或者在五日内一次告知申请人需要补正的全部内容，逾期不告知的，自收到申请材料之日起即为受理；（5）申请事项属于本行政机关职权范围，申请材料齐全、符合法定形式，或者申请人按照本行政机关的要求提交全部补正申请材料的，应当受理行政许可申请。（《读本》第360页）

538. 根据《行政许可法》的规定，有下列情形之一的，作出行政许可决定的行政机关或者其上级行政机关，根据利害关系人的请求或者依据职权，可以撤销行政许可：（1）行政机关工作人员滥用职权、玩忽职守作出准予行政许可决定的；（2）超越法定职权作出准予行政许可决定的；（3）违反法定程序作出准予行政许可决定的；（4）对不具备申请资格或者不符合法定条件的申请人准予行政许可的；（5）依法可以撤销行政许可的其他情形。（《读本》第360页）

539. 根据《行政处罚法》的规定，行政处罚的种类有：（1）警告；（2）罚款；（3）没收违法所得、没收非法财物；（4）责令停产停业；（5）暂扣或者吊销许可证、暂扣或者吊销执照；（6）行政拘留；（7）法律、行政法规规定的其他行政处罚。（《行政处罚法》第8条，《读本》第375~376页）

540. 违法行为应受行政处罚的构成要件，是指违法行为应受行政处罚所必须具备的条件，具体包括：（1）违法行为必须已经实施，即违法行为已经客观存在；（2）违法行为违反了行政法律规范；（3）违法行为人是具有责任能力的行政相对人；（4）依法应当受到行政处罚。（《读本》第378~379页）

541. 根据《行政处罚法》的规定，行政处罚中不予处罚的法定情形有：（1）不满14周岁的人有违法行为的；（2）精神病人在不能辨认或者不能控制自己行为时有违法行为的；（3）违法行为轻微并及时纠正，没有造成危害后果的。（《读本》379页）

542. 根据《行政处罚法》的规定，行政处罚的简易程序，是指行政处罚实施主体对符合法定条件的行政处罚事项，当场作出行政处罚决定所应遵循的程序。适用简易程序须同时符合以下条件：（1）违法事实确凿；（2）有法定依据；（3）对公民处以50元以下、对法人或者其他组织处以1000元以下罚款或者警告的行政处罚。（《读本》第380页）

543. 根据《行政处罚法》的规定，当事人逾期不履行行政处罚决定的，作出行政处罚决定的行政机关可以采取下列措施：（1）到期不缴纳罚款的，每日按罚款数额的3%加处罚款；（2）根据法律规定，将查封、扣押的财物拍卖或者将冻结的存款划拨抵缴罚款；（3）申请人民法院强制执行。行政机关申请

人民法院强制执行行政处罚决定的，应当提交强制执行申请书。（《读本》第383页）

544. 行政监察的原则，是行政监察机关工作总的指导思想，是行政监察机关在行使监察权的过程中应当遵循和贯彻的基本准则。根据行政监察法的规定，行政监察工作，必须坚持以下几项基本原则：

（1）坚持独立行使监察权的原则。监察机关依法行使职权，不受其他行政部门、社会团体和个人的干涉。

（2）坚持实事求是、重证据、重调查研究、在适用法律和行政纪律上人人平等的原则。监察机关开展工作，必须从实际出发，尊重事实真相，对监察对象平等地适用法律和行政纪律。

（3）坚持教育与惩处相结合、监督检查与制度建设相结合的原则。

（4）坚持行政监察与群众监督相结合的原则。监察机关通过建立举报制度，使得公民、法人或者其他组织对于任何国家行政机关及其公务员和国家行政机关任命的其他人员的违反行政纪律行为，有权向监察机关提出控告或者检举。这一原则有利于查处违法人员的违法行为，维护行政纪律，促进廉政建设。（《读本》第388～389页）

545. 行政复议机关（《行政复议法》第4条）

（1）合法原则。合法原则是指行政复议机关必须严格按照法律规定的职责权限，依照法定程序受理行政复议申请，对被申请行政复议的具体行政行为进行审查并作出行政复议决定。合法原则要求：一是履行行政复议职责的主体及其职权合法；二是作出行政复议决定的依据合法；三是受理行政复议申请、作出行政复议决定的程序合法。

（2）公正原则。公正原则是指行政复议机关应当平等地对待参加行政复议的各方当事人；严格依照事实和法律作出公平裁决，纠正违法或不当的具体行政行为，维护合法行政行为。

（3）公开原则。公开原则是指行政复议活动应当公开进行。公开原则要求：一是行政复议的程序公开；二是行政复议的依据公开；三是行政复议决定公开。另外，申请人还可以依法查阅被申请人提出的书面答复、作出具体行政行为的证据、依据和其他有关材料。

（4）及时原则。行政复议是行政机关内部监督的一种方式，行政复议在维持公正的同时，还要注重提高效率，遵循及时原则。及时原则要求：一是受理行政复议申请应当及时；二是复议案件应当按照审理期限审结；三是作出行政复议决定应当及时；四是及时了解行政复议决定的履行情况，对不履行决定的情况依法及时处理。

（5）便民原则。便民原则是指行政复议机关进行行政复议时应当在各项环节和步骤上做到因地制宜，为复议申请人提供方便，使行政复议制度成为公民、法人或者其他组织保护自身合法权益的经济、实用、便利、有效的救济手段。便民原则要求复议机关做到：一是在申请人法定义务之内，尽可能为其履行义务提供方便；二是在申请人法定义务之外，不得另外再增加其负担。（《读本》第 395 ~ 396 页）

546. 依据行政复议法和行政复议法实施条例的规定，行政复议机构具体办理行政复议事项，履行下列职责：

（1）受理行政复议申请；

（2）向有关组织和人员调查取证，查阅文件和资料；

（3）审查申请行政复议的具体行政行为是否合法与适当，拟订行政复议决定；

（4）处理或者转送依法可以一并提出审查申请的有关规定；

（5）对行政机关违反行政复议法规定的行为依照规定的权限和程序提出处理建议；

（6）办理因不服行政复议决定提起行政诉讼的

应诉事项；

（7）县级人民政府依法转送属于其他行政复议机关受理的行政复议申请；

（8）办理与行政复议相关的行政赔偿等事项；

（9）督促行政复议申请的受理和行政复议决定的履行；

（10）办理行政复议、行政应诉案件统计和重大行政复议决定备案事项；

（11）办理或者组织办理未经行政复议直接提起行政诉讼的行政应诉事项；

（12）研究行政复议工作中发现的问题，及时向有关机关提出改进建议，重大问题及时向行政复议机关报告；

（13）法律、法规规定的其他职责。(《读本》第398页)

547. 行政复议机关收到行政复议申请后应当：

（1）行政机关收到行政复议申请后，应当在5日内进行审查；

（2）对不符合法律规定的行政复议申请，决定不予受理，并书面告知申请人；

（3）对符合法律规定，但是不属于本机关受理的行政复议申请，应当告知申请人向有关行政复议机关提出；

（4）对申请材料不齐全或者表述不清楚的，行政复议机构可以自收到该行政复议申请之日起 5 日内书面通知申请人补正；

（5）对符合法律规定，且属于本机关受理的，应当依法受理行政复议申请，并将行政复议申请书副本或者行政复议申请笔录复印件发送被申请人。（《读本》第 403 ~ 405 页）

548. 行政复议申请符合下列规定的，应当予以受理：

（1）有明确的申请人和符合规定的被申请人；

（2）申请人与具体行政行为有利害关系；

（3）有具体的行政复议请求和理由；

（4）在法定申请期限内提出；

（5）属于行政复议法规定的行政复议范围；

（6）属于收到行政复议申请的行政复议机构的职责范围；

（7）其他行政复议机关尚未受理同一行政复议申请，人民法院尚未受理同一主体就同一事实提起的行政诉讼。（《行政复议法实施条例》第 28 条，《读本》第 403 ~ 404 页）

549. 人民法院受理公民、法人或者其他组织提起的下列诉讼：

（1）对行政拘留、暂扣或者吊销许可证和执照、责令停产停业、没收违法所得、没收非法财物、罚款、警告等行政处罚不服的。

（2）对限制人身自由或者对财产的查封、扣押、冻结等行政强制措施和行政强制执行不服的。

（3）申请行政许可，行政机关拒绝或者在法定期限内不予答复，或者对行政机关作出的有关行政许可的其他决定不服的。

（4）对行政机关作出的关于确认土地、矿藏、水流、森林、山岭、草原、荒地、滩涂、海域等自然资源的所有权或者使用权的决定不服的。

（5）对征收、征用决定及其补偿决定不服的。

（6）申请行政机关履行保护人身权、财产权等合法权益的法定职责，行政机关拒绝履行或者不予答复的。

（7）认为行政机关侵犯其经营自主权或者农村土地承包经营权、农村土地经营权的。

（8）认为行政机关滥用行政权力排除或者限制竞争的。

（9）认为行政机关违法集资、摊派费用或者违法要求履行其他义务的。

（10）认为行政机关没有依法支付抚恤金、最低生活保障待遇或者社会保险待遇的。

（11）认为行政机关不依法履行、未按照约定履行或者违法变更、解除政府特许经营协议、土地房屋征收补偿协议等协议的。

（12）认为行政机关侵犯其他人身权、财产权等合法权益的。

（13）除上述情形外，人民法院受理法律、法规规定可以提起诉讼的其他行政案件。（修改后的《行政诉讼法》第 12 条）

550. 人民法院对下列事项提起的诉讼不受理：

（1）国防、外交等国家行为；

（2）行政法规、规章或者行政机关制定、发布的具有普遍约束力的决定、命令；

（3）行政机关对行政机关工作人员的奖惩、任免等决定；

（4）法律规定由行政机关最终裁决的行政行为。（修改后的《行政诉讼法》第 13 条）

551. 在行政诉讼案件中，应当按以下方式确定被告：

（1）公民、法人或者其他组织直接向人民法院提起诉讼的，作出行政行为的行政机关是被告。

（2）经复议的案件，复议机关决定维持原行政行为的，作出原行政行为的行政机关和复议机关是共同被告；复议机关改变原行政行为的，复议机关是被告。

（3）复议机关在法定期限内未作出复议决定，公民、法人或者其他组织起诉原行政行为的，作出原行政行为的行政机关是被告；起诉复议机关不作为的，复议机关是被告。

（4）两个以上行政机关作出同一行政行为的，共同作出行政行为的行政机关是共同被告。

（5）行政机关委托的组织所作的行政行为，委托的行政机关是被告。

（6）行政机关被撤销或者职权变更的，继续行使其职权的行政机关是被告。（修改后的《行政诉讼法》第26条）

552. 根据修改后的《行政诉讼法》，行政机关拒绝履行行政判决、裁定、调解书，第一审人民法院可以采取以下措施：

（1）对应当归还的罚款或者应当给付的款额，通知银行从该行政机关的账户内划拨；

（2）在规定期限内不履行的，从期满之日起，对该行政机关负责人按日处五十元至一百元的罚款；

（3）将行政机关拒绝履行的情况予以公告；

（4）向监察机关或者该行政机关的上一级行政机关提出司法建议。接受司法建议的机关，根据有关规定进行处理，并将处理情况告知人民法院；

（5）拒不履行判决、裁定、调解书，社会影响恶劣的，可以对该行政机关直接负责的主管人员和其他直接责任人员予以拘留；情节严重，构成犯罪的，依法追究刑事责任。（修改后的《行政诉讼法》第96条）

553. 根据《政府信息公开条例》的规定，政府信息公开工作机构的具体职责包括：（1）具体承办本行政机关的政府信息公开事宜；（2）维护和更新本行政机关公开的政府信息；（3）组织编制本行政机关的政府信息公开指南、政府信息公开目录和政府信息公开工作年度报告；（4）对拟公开的政府信息进行保密审查；（5）本行政机关规定的与政府信息公开有关的其他职责。（《政府信息公开条例》第4条）

554. 政府信息具有以下三个方面的特征：

（1）从政府信息的性质上看，政府信息是与履行行政管理职责密切相关的信息；

（2）从政府信息的产生方式上看，政府信息不仅包括本机关在履行职责过程中制作、加工的信息，还包括在履行职责过程中从其他机关、组织、个人那里获取的信息；

（3）从政府信息的存在形式看，政府信息应当是以一定形式记录、保存的信息。（《读本》第430页）

555. 公开政府信息具有以下作用：

（1）服务经济社会活动和人民群众生产生活；

（2）提高政府工作的透明度；

（3）促进各级政府及其有关部门依法行政。

（《读本》第431页）